# Verbos esp

## Jorge Alonso Moro

**DIFUSION**

**Centro de Investigación y Publicaciones de Idiomas**

C/ Trafalgar, 10, entlo 1ª - 08010 Barcelona

Diseño cubierta: Àngel Viola


1.ª Edición, 1988
2.ª Edición, 1995
Reimpresión, 1998
Reimpresión, 2000


© Jorge Alonso Moro
DIFUSIÓN, S.L.
Madrid, 1989
Depósito legal: M-40.369-1998
ISBN: 84-87099-00-9
Imprime: Torres i associats, s.l. Barcelona
Printed in Spain - Impreso en España

# INDICE GENERAL

# PROLOGO

No es tarea fácil para los estudiantes extranjeros, e incluso para los españoles, dominar con relativa soltura la complejidad de la conjugación española.

Este libro quiere ser un instrumento de trabajo, de ayuda en esa labor de conocimiento, estudio y dominio.

Presenta modelos de conjugación regular, irregular e incluso algunos que no son totalmente irregulares, pero que tienen modificaciones gráficas que son el resultado de una coherencia con el sistema fonético español.

El libro contiene un índice alfabético de verbos en el que se han incluido los más usados y conocidos por los hablantes españoles.

La introducción expone toda una serie de problemas que a los estudiantes extranjeros se les suelen plantear. Son problemas de clasificaciones, irregularidades desde el punto de vista teórico, ejemplos, y, con método pormenorizado, un análisis formal y funcional de los tiempos verbales, además de toda la casuística que abarca la complejidad de la conjugación.

# INTRODUCCION

Podemos encontrarnos con numerosas definiciones del verbo, pero no vamos a detenernos en este libro a hacer una demostración de todas ellas. Únicamente veremos dos definiciones complementarias que nos pueden ayudar a comprender la esencia y existencia del verbo:

Por un lado, el verbo es la parte de la oración que expresa esencia, estado, acción o pasión del sujeto al que se refiere; indicando normalmente el tiempo, número y persona.

Por otra parte, el verbo es la palabra que, en solitario o en compañía de otras palabras, constituye el núcleo del sintagma predicativo de la oración.

Vemos, pues, que el verbo es una de las partes **«variables»** de la oración. Esta variabilidad tiene el fin primordial de expresar lo que conocemos tradicionalmente por el nombre de accidentes del verbo; tiempo, modo, número, persona, voz y aspecto.

También nos encontramos con que la forma verbal que presenta desinencias o terminaciones recibe el nombre de **«forma verbal simple».**

Ej.: *amo, bebía, vivirá.*

Por su parte, la forma que utiliza el verbo auxiliar **«haber»** recibe el nombre de **«forma verbal compuesta».**

Ej.: *He amado, había bebido, habrá vivido.*

En las formas simples, las desinencias o terminaciones señalan los accidentes gramaticales.

En las formas compuestas, el verbo **«haber»,** con sus terminaciones, es el que nos ofrece esos accidentes y el participio pasado nos informa del significado de la estructura verbal total.

## CLASES DE VERBOS

Los verbos castellanos los podemos dividir atendiendo a distintos criterios o puntos de vista.

Por la terminación del infinitivo los dividimos en tres clases o conjugaciones:

Primera conjugación: verbos cuyo infinitivo termina en **-AR** (amar, cantar, bailar, estudiar, callar...).

Segunda conjugación: verbos cuyo infinitivo termina en **-ER** (ver, beber, vender, tener...).

Tercera conjugación: verbos cuyo infinitivo termina en **-IR** (vivir, salir, escribir...).


## OTRAS CLASES DE VERBOS

### Verbos auxiliares

Son los que por sí mismos no tienen significado completo cuando forman parte de los tiempos compuestos, sino que sólo tienen un significado gramatical, que indica persona, número, tiempo, etc...; tienen la misma función gramatical que las desinencias en los tiempos simples del verbo.

En castellano hay dos verbos auxiliares por excelencia: **HABER** y **SER**.

El verbo HABER se usa en la formación de los tiempos compuestos.

Ej.: *He comido, había amado, hubiera venido...*

El verbo SER se usa en la formación de los tiempos de la voz pasiva.

Ej.: *La lección será explicada por el profesor.*
*El premio ha sido ganado por Juan.*

También se puede hablar de verbos auxiliares (estar, venir, tener, acabar...) cuando un verbo es utilizado en perífrasis verbales y en esas circunstancias está lejos de su significado originario o más usado.

Ej.: *Vamos a ver el problema seriamente.*
*Tengo estudiada la gramática española.*
*Vengo preparando este tema desde hace tiempo.*


### Verbos copulativos

Se trata de **SER** y **ESTAR** y sirven de nexo o unión entre el sujeto y el atributo, expresando también tiempo, modo, número, aspecto, etc...

Ej.: *El día está frío.*
*El payaso era gracioso.*
*Los seres humanos son mortales.*

Algunas veces el verbo copulativo puede no aparecer en la frase, generalmente se trata de frases fijas o de refranes.

Ej.: *Perro ladrador, poco mordedor.*
*Mal de muchos, consuelo de tontos.*

| Sujeto + SER + sustantivo, pronombre, adjetivo determinativo, infinitivo |
|---|

En esta estructura utilizamos normalmente el verbo SER.

Ej.: *Ese señor es Luis Leopoldo.*
*Pilar es profesora.*
*Mi libro es aquél.*
*Los Mandamientos son diez.*
*Lo importante es trabajar.*

Esporádicamente podemos encontrar ejemplos de ESTAR con complemento sustantivo en algunas expresiones coloquiales contemporáneas.

Ej.: *Esta película está cañón.*
*Juan está pez en matemáticas.*

Estos sustantivos están adjetivados y hacen referencia a determinadas cualidades de las cosas que designan.

---

| SER o ESTAR + Adjetivos calificativos |
|---|

Con el verbo SER presentamos la cualidad como intemporal e independiente de cualquier circunstancia determinada, y con el verbo ESTAR predicamos la cualidad inserta en una circunstancia de cualquier tipo. Pero ciertamente es imposible concretar a leyes objetivas el uso de SER y ESTAR dado que, aunque las circunstancias existen siempre en la realidad objetiva, el hablante, subjetivamente, puede atender o desatender esas circunstancias.

**Verbos predicativos intransitivos**

Son los verbos que por sí solos forman el predicado del sujeto o que, de alguna manera, ofrecen ellos solos una predicación completa del sujeto.

Estos verbos intransitivos, en muchas ocasiones, se nos pueden presentar acompañados de palabras que completen o determinen de alguna manera su significado; pero lo importante para ser intransitivos es que no tengan complemento directo, aunque en otros contextos y por deseo expreso del hablante puedan llevar complemento directo.

Ej.: *José estudia* (intransitivo).
*José estudia mucho en casa* (intransitivo).
*José estudia una lección de matemáticas* (transitivo).

**Verbos predicativos transitivos**

Son los que por sí solos no forman el predicado del sujeto, necesitando un sintagma nominal complemento directo para ofrecer una predicación completa del sujeto. Por sí solos la predicación que ofrecen es incompleta.

Ej.: *María compra un libro.*
*José bebe una cerveza en el bar.*

**Verbos reflexivos**

Verbo reflexivo, según la definición tradicional, es aquél cuya acción recae sobre el mismo sujeto que la realiza.

Estos verbos van acompañados de las formas átonas de los pronombres personales: **me, te, se, nos, os, se.**

Estos pronombres desempeñan la función sintáctica de complemento directo o indirecto del verbo, según los casos.

En la oración «**Yo me lavo**», el pronombre átono es complemento directo del verbo.

En la oración «**Yo me lavo la cabeza**», el complemento directo es «**la cabeza**», y el pronombre «**me**» realiza la función de complemento indirecto.

Por esta razón la gramática tradicional distingue entre oraciones reflexivas directas o indirectas según la función sintáctica realizada por el pronombre.

**Verbos pronominales**

La Real Academia Española nos dice que los verbos pronominales son los que se construyen en todas sus formas con los pronombres reflexivos.

Realmente podemos decir que estos verbos se construyen con formas idénticas a las de los pronombres reflexivos, pero de ninguna manera coinciden las funciones sintácticas de esos pronombres. Solamente coinciden en que forman un cuerpo con el verbo y en la flexibilidad, pero en principio, en los verbos pronominales, los pronombres no cumplen un papel sintáctico.

Como regla general para establecer la identidad de estos verbos pronominales, hay que tener en cuenta que no tienen complemento directo.

Ej.: *Me voy al cine,*

o si tienen complemento directo no es precisamente el pronombre el que funciona como tal complemento directo.

Ej.: *Me comí todo el pan.*

Podemos comprobar que la presencia del pronombre en estos verbos tiene la facultad de expresar determinados aspectos de la acción.

Indica o expresa el paso de un estado a otro de la acción:

Ej.: *Juan se duerme viendo la televisión.*

En otros contextos la presencia de estos pronombres hacen considerar la acción más intensamente; en estos casos los pronombres, tradicionalmente, se llaman dativos de interés.

Ej.: *Me he estudiado cinco lecciones en una hora.*
*Juan se ha conseguido un buen puesto de trabajo.*

Vemos que en estos casos el pronombre no es realmente necesario, sino que su presencia nos comunica la preponderancia o el mayor relieve que queremos dar a la acción realizada por el sujeto.

Hay verbos que en forma no pronominal son transitivos, pero en la forma pronominal expresan la acción sentida en el interior del sujeto y en la cual, dicho sujeto, no es agente ni paciente.

Ej.: *Unamuno se entusiasmaba mirando el paisaje.*
*María se avergüenza siempre que habla de su familia.*

Los **VERBOS DE MOVIMIENTO** tienen cierta complejidad y hay que hacer algunas distinciones:

*a*) Verbos de movimiento, pronominales, intransitivos: acostarse, levantarse, sentarse, deslizarse...

Ej.: ***Juan se acuesta a las siete.***
***María se desliza por el tobogán.***

*b*) Verbos de movimiento, no pronominales, transitivos: acostar, levantar, sentar, deslizar...

Ej.: ***Juan acuesta a los niños a las siete.***
***María desliza el libro por el tobogán.***

*c*) Verbos de movimiento que sólo se utilizan en forma pronominal: fugarse, acuclillarse, amonarse...

Ej.: ***Los ladrones se fugaron con el botín.***

*d*) Verbos de movimiento que generalmente nunca se usan como pronominales; sólo son intransitivos y únicamente pueden ser transitivos en forma metafórica: huir, volar, viajar, regresar, nadar...

Ej.: ***Los ladrones huyeron con el botín.***

*e*) Por último, hay otros verbos de movimiento que pueden utilizarse indistintamente como pronominales o no pronominales; y sean o no sean pronominales, son siempre de movimiento e intransitivos: venir(**se**), escapar(**se**), ir(**se**), caer(**se**)... En estos verbos las formas pronominales conservan un carácter expresivo o enfático.

Ej.: ***Me voy al cine.***
***El ladrón (se) ha escapado de la cárcel.***

**Verbos recíprocos**

Son aquellos en los que dos o más sujetos ejecutan la acción del verbo y a la vez la reciben mutuamente. Los verbos recíprocos tienen que ser transitivos para que se verifique la reciprocidad, e incluso, algunas veces, para hacer más claro el significado recíproco de la acción añadimos palabras o frases que eviten toda ambigüedad.

Ej.: ***Pedro y Luisa se aman el uno al otro.***
***Los boxeadores se golpean entre sí.***

**Verbos regulares**

Son los que al ser conjugados no cambian su raíz y reciben las mismas desinencias de otros verbos tomados como modelos.

**Verbos irregulares**

Son los que en su conjugación alteran la raíz, la terminación o ambas a la vez, si se comparan con los ejemplos o modelos de la conjugación a la que pertenecen. Las irregularidades pueden ser vocálicas o consonánticas.

## Irregularidades vocálicas

*a)* Verbos que alteran la «e» de la raíz en «ie» en el presente de indicativo, presente de subjuntivo e imperativo:

**APRETAR** (-AR)

| *Pres. Ind.* | *Pres. Subj.* | *Imperativo* |
|---|---|---|
| Aprieto | Apriete | |
| Aprietas | Aprietes | Aprieta |
| Aprieta | Apriete | Apriete |
| Apretamos | Apretemos | Apretemos |
| Apretáis | Apretéis | Apretad |
| Aprietan | Aprieten | Aprieten |

**ENCENDER** (-ER)

| *Pres. Ind.* | *Pres. Subj.* | *Imperativo* |
|---|---|---|
| Enciendo | Encienda | |
| Enciendes | Enciendas | Enciende |
| Enciende | Encienda | Encienda |
| Encendemos | Encendamos | Encendamos |
| Encendéis | Encendáis | Encended |
| Encienden | Enciendan | Enciendan |

**DISCERNIR** (-IR)

| *Pres. Ind.* | *Pres. Subj.* | *Imperativo* |
|---|---|---|
| Discierno | Discierna | |
| Disciernes | Disciernas | Discierne |
| Discierne | Discierna | Discierna |
| Discernimos | Discernamos | Discernamos |
| Discernís | Discernáis | Discernid |
| Disciernen | Disciernan | Disciernan |

Verbos que se conjugan según estos modelos:

1.ª Conjugación **(-AR):** acertar, alentar, arrendar, desterrar, enterrar, fregar, despertar, gobernar, regar, sembrar, temblar...

2.ª Conjugación **(-ER):** perder, defender, atender, entender, querer, extender...

3.ª Conjugación **(-IR):** cernir, concernir...

*b*) Verbos que alteran la «**e**» de la raíz en «**i**» en algunos de los tiempos de su conjugación:

## SERVIR

| Pres. Ind. | Pres. Subj. | Imperativo | Pas. Simple | Imp. Subj. | Gerundio |
|---|---|---|---|---|---|
| Sirvo | Sirva | | Serví | Sirviera | Sirviendo |
| Sirves | Sirvas | Sirve | Serviste | Sirvieras | |
| Sirve | Sirva | Sirva | Sirvió | Sirviera | |
| Servimos | Sirvamos | Sirvamos | Servimos | Sirviéramos | |
| Servís | Sirváis | Servid | Servisteis | Sirvierais | |
| Sirven | Sirvan | Sirvan | Sirvieron | Sirvieran | |

Verbos que se conjugan según este modelo: pedir, conseguir, corregir, elegir, medir, teñir, repetir, despedir, vestir, seguir...

*c*) Verbos que alteran la «**o**» de la raíz en «**ue**» en alguno de los tiempos de su conjugación:

## CONTAR

| Pres. Ind. | Pres. Subj. | Imperativo |
|---|---|---|
| Cuento | Cuente | |
| Cuentas | Cuentes | Cuenta |
| Cuenta | Cuente | Cuente |
| Contamos | Contemos | Contemos |
| Contáis | Contéis | Contad |
| Cuentan | Cuenten | Cuenten |

## MOVER

| Pres. Ind. | Pres. Subj. | Imperativo |
|---|---|---|
| Muevo | Mueva | |
| Mueves | Muevas | Mueve |
| Mueve | Mueva | Mueva |
| Movemos | Movamos | Movamos |
| Movéis | Mováis | Moved |
| Mueven | Muevan | Muevan |

Verbos que se conjugan según estos modelos: acostar, aprobar, rodar, costar, probar, sonar, volar, almorzar, forzar, colgar, encontrar, volver, cocer, doler, morder, llover...

*d*) Verbos que alteran la «**u**» de la raíz en «**ue**» en alguno de los tiempos de su conjugación:

## JUGAR

| Pres. Ind. | Pres. Subj. | Imperativo |
|---|---|---|
| Juego | Juegue | |
| Juegas | Juegues | Juega |
| Juega | Juegue | Juegue |
| Jugamos | Juguemos | Juguemos |
| Jugáis | Juguéis | Jugad |
| Juegan | Jueguen | Jueguen |

Esta irregularidad solamente la tiene el verbo **JUGAR**.

*e*) Verbos que alteran la «**e**» de la raíz en «**ie**» o en «**i**» según la persona y el tiempo:

## MENTIR

| Pres. Ind. | Pres. Subj. | Imperativo | Pas. Simple | Imp. Subj. | Gerundio |
|---|---|---|---|---|---|
| Miento | Mienta | | Mentí | Mintiera | Mintiendo |
| Mientes | Mientas | Miente | Mentiste | Mintieras | |
| Miente | Mienta | Mienta | Mintió | Mintiera | |
| Mentimos | Mintamos | Mintamos | Mentimos | Mintiéramos | |
| Mentís | Mintáis | Mentid | Mentisteis | Mintierais | |
| Mienten | Mientan | Mientan | Mintieron | Mintieran | |

Verbos que se conjugan según este modelo: sentir, consentir, arrepentirse, preferir, digerir, sugerir, advertir, divertir...

*f*) Verbos que alteran la «**o**» de la raíz en «**ue**» o en «**u**» según la persona y el tiempo:

## MORIR

| Pres. Ind. | Pres. Subj. | Imperativo | Pas. Simple | Imp. Subj. | Gerundio |
|---|---|---|---|---|---|
| Muero | Muera | | Morí | Muriera | Muriendo |
| Mueres | Mueras | Muere | Moriste | Murieras | |
| Muere | Muera | Muera | Murió | Muriera | |
| Morimos | Muramos | Muramos | Morimos | Muriéramos | |
| Morís | Muráis | Morid | Moristeis | Murierais | |
| Mueren | Mueran | Mueran | Murieron | Murieran | |

Se conjuga como **MORIR** el verbo **DORMIR**.

*g*) Verbos que alteran la «**i**» de la raíz en «**ie**» en algunos de los tiempos de su conjugación:

**ADQUIRIR**

| *Pres. Ind.* | *Pres. Subj.* | *Imperativo* |
|---|---|---|
| Adquiero | Adquiera | |
| Adquieres | Adquieras | Adquiere |
| Adquiere | Adquiera | Adquiera |
| Adquirimos | Adquiramos | Adquiramos |
| Adquirís | Adquiráis | Adquirid |
| Adquieren | Adquieran | Adquieran |

Se conjugan según este modelo el verbo **INQUIRIR** y los terminados en **-IRIR.**

**Irregularidades consonánticas**

*a*) Verbos cuya irregularidad consiste en el cambio de la «**c**» de la raíz por una «**g**» según la persona y el tiempo:

**HACER**

| *Pres. Ind.* | *Pres. Subj.* | *Imperativo* |
|---|---|---|
| Hago | Haga | |
| Haces | Hagas | Haz |
| Hace | Haga | Haga |
| Hacemos | Hagamos | Hagamos |
| Hacéis | Hagáis | Haced |
| Hacen | Hagan | Hagan |

Se conjugan según este modelo los verbos compuestos con el verbo **HACER** y también los verbos **SATISFACER** y **YACER.**

*b*) Verbos cuya irregularidad consiste en el cambio de la «**c**» de la raíz por el grupo «**zc**» según la persona y el tiempo:

**CONOCER**

| *Pres. Ind.* | *Pres. Subj.* | *Imperativo* |
|---|---|---|
| Conozco | Conozca | |
| Conoces | Conozcas | Conoce |
| Conoce | Conozca | Conozca |
| Conocemos | Conozcamos | Conozcamos |
| Conocéis | Conozcáis | Conoced |
| Conocen | Conozcan | Conozcan |

Verbos irregulares que se conjugan según este modelo: nacer, lucir, conducir, reconocer, complacer, aducir, placer...

*c*) Verbos cuya irregularidad consiste en el cambio de la «**n**» de la raíz por el grupo «**ng**» según la persona y el tiempo:

**SUPONER**

| Pres. Ind. | Pres. Subj. | Imperativo |
|---|---|---|
| Supongo | Suponga | |
| Supones | Supongas | Supón |
| Supone | Suponga | Suponga |
| Suponemos | Supongamos | Supongamos |
| Suponéis | Supongáis | Suponed |
| Suponen | Supongan | Supongan |

Verbos que tienen esta misma irregularidad: poner (y sus compuestos), tener (y sus compuestos), venir (y sus compuestos).

*d*) Verbos cuya irregularidad consiste en el cambio de la «**l**» de la raíz por el grupo «**lg**» según la persona y el tiempo:

**VALER**

| Pres. Ind. | Pres. Subj. | Imperativo |
|---|---|---|
| Valgo | Valga | |
| Vales | Valgas | Vale |
| Vale | Valga | Valga |
| Valemos | Valgamos | Valgamos |
| Valéis | Valgáis | Valed |
| Valen | Valgan | Valgan |

En general se conjugan como este modelo los verbos terminados en **-aler** y en **-alir** (salir, equivaler, sobresalir...).

*e*) Verbos cuya irregularidad consiste en la adición del grupo «**ig**» según la persona y el tiempo:

**TRAER**

| Pres. Ind. | Pres. Subj. | Imperativo |
|---|---|---|
| Traigo | Traiga | |
| Traes | Traigas | Trae |
| Trae | Traiga | Traiga |
| Traemos | Traigamos | Traigamos |
| Traéis | Traigáis | Traed |
| Traen | Traigan | Traigan |

Verbos que tienen esta misma irregularidad: caer (y sus compuestos), oír, roer, raer...

*f)* Verbos cuya irregularidad consiste en la sustitución de la vocal «**u**» por el grupo «**uy**» según la persona y el tiempo:

**DESTRUIR**

| Pres. Ind. | Pres. Subj. | Imperativo | Pas. Simple | Imp. Subj. | Gerundio |
|---|---|---|---|---|---|
| Destruyo | Destruya | | Destruí | Destruyera | Destruyendo |
| Destruyes | Destruyas | Destruye | Destruiste | Destruyeras | |
| Destruye | Destruya | Destruya | Destruyó | Destruyera | |
| Destruimos | Destruyamos | Destruyamos | Destruimos | Destruyéramos | |
| Destruís | Destruyáis | Destruid | Destruisteis | Destruyerais | |
| Destruyen | Destruyan | Destruyan | Destruyeron | Destruyeran | |

Esta irregularidad la presentan, en general, los verbos terminados en **-uir**: incluir, huir, concluir, sustituir, construir, distribuir, destruir, afluir, derruir, instruir...

*g)* Verbos cuya irregularidad consiste en el cambio de la «**b**» de la raíz por una «**y**» semiconsonante según la persona y el tiempo. Esta irregularidad solamente la presenta el verbo HABER.

**HABER**

| Pres. Subj. | Imperativo |
|---|---|
| Haya | |
| Hayas | He |
| Haya | Haya |
| Hayamos | Hayamos |
| Hayáis | Habed |
| Hayan | Hayan |

**Irregularidades vocálicas y consonánticas**

*a)* Verbos cuya irregularidad consiste en la alternancia de la «**e**» de la raíz en «**i**», y de la «**c**» de la raíz en «**g**» según la persona y el tiempo:

**DECIR**

| Pres. Ind. | Pres. Subj. | Imperativo |
|---|---|---|
| Digo | Diga | |
| Dices | Digas | Di |
| Dice | Diga | Diga |
| Decimos | Digamos | Digamos |
| Decís | Digáis | Decid |
| Dicen | Digan | Digan |

Se conjugan como **DECIR** todos sus compuestos.

*b*) Verbos cuya irregularidad consiste en la variación del grupo «**ab**» de la raíz por el grupo «**ep**» según la persona y el tiempo:

## CABER

| Pres. Ind. | Pres. Subj. | Imperativo |
|---|---|---|
| Quepo | Quepa | |
| Cabes | Quepas | Cabe |
| Cabe | Quepa | Quepa |
| Cabemos | Quepamos | Quepamos |
| Cabéis | Quepáis | Cabed |
| Caben | Quepan | Quepan |

El verbo **SABER** tiene esta misma irregularidad, pero solamente en el Presente de Subjuntivo y en el Imperativo.

### Futuros irregulares

Normalmente para construir el futuro de indicativo se añaden las terminaciones propias del futuro al infinitivo del verbo que queremos conjugar, pero hay algunos verbos que sufren alteraciones en su raíz en la formación del futuro y, por lo tanto, se trata de futuros irregulares. La irregularidad se mantiene en todas las personas y en el tiempo que se forma a partir del futuro: El condicional.

| | | |
|---|---|---|
| CABER .......................... | cabr- | |
| VALER .......................... | valdr- | |
| TENER .......................... | tendr- | |
| PONER .......................... | pondr- | |
| VENIR ......................... | vendr- | |
| SALIR .......................... | saldr- | -é, ás, á, emos, éis, án |
| HABER ......................... | habr- | |
| PODER ......................... | podr- | |
| SABER .......................... | sabr- | |
| QUERER ...................... | querr- | |
| DECIR ......................... | dir- | |
| HACER ......................... | har- | |

### Pasados Simples (indefinidos) irregulares

Aparte de otras irregularidades, hay verbos que en el pasado simple tienen una forma especial, con terminaciones irregulares, cambios de acento en la 1.ª y 3.ª persona del singular y alteraciones en la raíz. Pasemos ahora a la descripción de estos pasados simples, llamados fuertes, que son de uso de la lengua general, aunque en muchas ocasiones, erróneamente, encontremos vacilaciones en el habla y en la realización escrita de la lengua.

TRAER: traje, trajiste, trajo, trajimos, trajisteis, trajeron.
DECIR: dije, dijiste, dijo, dijimos, dijisteis, dijeron.
HACER: hice, hiciste, hizo, hicimos, hicisteis, hicieron.

QUERER: quise, quisiste, quiso, quisimos, quisisteis, quisieron.
VENIR: vine, viniste, vino, vinimos, vinisteis, vinieron.
ANDAR: anduve, anduviste, anduvo, anduvimos, anduvisteis, anduvieron.
CONDUCIR: conduje, condujiste, condujo, condujimos, condujisteis, condujeron.
CABER: cupe, cupiste, cupo, cupimos, cupisteis, cupieron.
ESTAR: estuve, estuviste, estuvo, estuvimos, estuvisteis, estuvieron.
HABER: hube, hubiste, hubo, hubimos, hubisteis, hubieron.
PODER: pude, pudiste, pudo, pudimos, pudisteis, pudieron.
PONER: puse, pusiste, puso, pusimos, pusisteis, pusieron.
SABER: supe, supiste, supo, supimos, supisteis, supieron.
TENER: tuve, tuviste, tuvo, tuvimos, tuvisteis, tuvieron.
DAR: di, diste, dio, dimos, disteis, dieron.
SER:
IR: fui, fuiste, fue, fuimos, fuisteis, fueron.

— *Debemos tener en cuenta en esta irregularidad del pasado simple fuerte, que los tiempos que se formen a partir del pasado simple (imperfecto y futuro de subjuntivo) mantendrán la misma irregularidad.*

## Participios irregulares

La irregularidad de los participios es, más o menos, la misma que la de los pasados simples fuertes: cambio acentual heredado del Latín y alteraciones vocálicas y consonánticas:

| | | | | |
|---|---|---|---|---|
| Decir | dicho | Ir | ido |
| Hacer | hecho | Morir | muerto |
| Abrir | abierto | Poner | puesto |
| Absolver | absuelto | Resolver | resuelto |
| Cubrir | cubierto | Romper | roto |
| Disolver | disuelto | Satisfacer | satisfecho |
| Escribir | escrito | Ver | visto |
| Freir | frito | Volver | vuelto |

Todos los verbos compuestos, derivados de los anteriormente descritos, son también irregulares en su forma de participio pasado y tienen la misma irregularidad ya descrita.

También podemos añadir que existen otra serie de participios irregulares (maldito, despierto, bendito, impreso...) que se usan normalmente como adjetivos y que en el caso de tener que utilizar esos verbos en formas compuestas, existen sus correspondientes participios pasados regulares (maldecido, despertado, bendecido, imprimido...).

## Verbos con más de una raíz

1.º **EL VERBO «SER».** Solamente tiene dos tiempos regulares: el futuro de indicativo y el condicional.

La formación de los tiempos compuestos es normal.

Las complicaciones están en los tiempos simples:

| Presente | Indicativo | Subjuntivo | Pretérito Imperfecto | Indicativo | Subjuntivo |
|---|---|---|---|---|---|
| | soy | sea | | era | fuera o fuese |
| | eres | seas | | eras | fueras o fueses |
| | es | sea | | era | fuera o fuese |
| | somos | seamos | | éramos | fuéramos o fuésemos |
| | sois | seáis | | erais | fuerais o fueseis |
| | son | sean | | eran | fueran o fuesen |

| Pasado Simple | Indicativo | | Futuro | Indicativo | Subjuntivo |
|---|---|---|---|---|---|
| | fui | | | seré | fuere |
| | fuiste | | | serás | fueres |
| | fue | | | será | fuere |
| | fuimos | | | seremos | fuéremos |
| | fuisteis | | | seréis | fuereis |
| | fueron | | | serán | fueren |

| Condic. Simple | | Imperativo | | |
|---|---|---|---|---|
| | sería | | sé (tú) | *Infinitivo:* SER |
| | serías | | sea (él, Vd.) | |
| | sería | | seamos (nosotros) | *Gerundio:* SIENDO |
| | seríamos | | sed (vosotros) | |
| | seríais | | sean (ellos, Vds.) | *Participio:* SIDO |
| | serían | | | |

2.º **EL VERBO «IR».** Este verbo es otro de los que presentan una diversidad en su raíz, que es necesario especificar:

| Presente | Indicativo | Subjuntivo | Pretérito Imperfecto | Indicativo | Subjuntivo |
|---|---|---|---|---|---|
| | voy | vaya | | iba | fuera o fuese |
| | vas | vayas | | ibas | fueras o fueses |
| | va | vaya | | iba | fuera o fuese |
| | vamos | vayamos | | íbamos | fuéramos o fuésemos |
| | vais | vayáis | | ibais | fuerais o fueseis |
| | van | vayan | | iban | fueran o fuesen |

| Pasado Simple | Indicativo | | Futuro | Indicativo | Subjuntivo |
|---|---|---|---|---|---|
| | fui | | | iré | fuere |
| | fuiste | | | irás | fueres |
| | fue | | | irá | fuere |
| | fuimos | | | iremos | fuéremos |
| | fuisteis | | | iréis | fuereis |
| | fueron | | | irán | fueren |

| Condic. Simple | | Imperativo | | |
|---|---|---|---|---|
| | iría | | ve (tú) | *Infinitivo:* IR |
| | irías | | vaya (él, Vd.) | |
| | iría | | vayamos (nosotros) | *Gerundio:* YENDO |
| | iríamos | | id (vosotros) | |
| | iríais | | vayan (ellos, Vds.) | *Participio:* IDO |
| | irían | | | |

## Verbos con modificaciones ortográficas

Se producen estas modificaciones en la raíz de algunos verbos; no son exactamente irregularidades, como todas las anteriores que hemos visto, sino que se trata, más bien, de una especie de búsqueda de coherencia o cohesión del sistema fonético en estos verbos.

1.º Verbos terminados en **-CER,** que ante la presencia de una «**a**», «**o**», cambian la «**c**» de la raíz en una «**z**»: venzo, ejerza, tuerza... (vencer, ejercer, torcer...).

2.º Verbos terminados en **-CAR,** que ante la presencia de una «**e**» cambian la «**c**» de la raíz en una «**qu-**»: coloqué, toqué, manqué... (colocar, tocar, mancar...).

3.º Verbos terminados en **-GAR,** que ante la presencia de una «**e**» cambian la «**g**» de la raíz en una «**gu-**»: pagué, cegué, tragué... (pagar, cegar, tragar...).

4.º Verbos terminados en **-GER, -GIR,** que ante la presencia de «**a**», «**o**» cambian la «**g**» de la raíz en una «**j**»: cojo, dirijo, finjo, corrija... (coger, dirigir, fingir, corregir...).

5.º Verbos terminados en **-GUIR,** que ante la presencia de «**a**», «**o**», pierden la «**u**» de la raíz: sigo, persiga, consiga... (seguir, perseguir, conseguir...).

6.º Verbos terminados en **-ZAR,** que ante la presencia de «**e**» cambian la «**z**» de la raíz en «**c**»: organice, garantice, urbanice... (organizar, garantizar, urbanizar...).


## Verbos defectivos

Son los verbos que carecen de algunos tiempos o algunas personas.

Muchos de estos verbos son unipersonales y sólo se utilizan en la tercera persona del singular y en las formas no personales: nevar, llover, tronar, amanecer, anochecer, acontecer, abolir...


## ACCIDENTES DEL VERBO

Son las modificaciones que sufre el verbo para expresar el tiempo (presente, pasado y futuro), la persona (primera, segunda y tercera), el número (singular y plural), el modo (indicativo, subjuntivo e imperativo), el aspecto (perfectivo, imperfectivo, durativo, etc...) y la voz (activa y pasiva).


## LA PERSONA Y EL NUMERO

Normalmente la persona nos expresa si la acción la ejecuta:

1.º El hablante o hablantes.

Ej.: *Yo compro un libro.*
*(Nosotros) compramos un libro.*

2.º El oyente u oyentes.

Ej.: *Tú compras un libro.*
*(Vosotros) compráis un libro.*

3.º Otro sujeto que no pertenece a las categorías anteriores y que suele ser la persona o cosa de las que se habla.

Ej.: *Él compra un libro.*
*(Ellos) compran un libro.*

En Castellano no es necesario utilizar o nombrar los pronombres personales indicadores del sujeto hablante o del que se habla, aunque, en algunas circunstancias, con finalidad enfática, puedan estar presentes en el contexto.

El número, como ya hemos podido comprobar en los ejemplos anteriores, nos indica si la acción la realiza un sujeto (singular) o más de un sujeto (plural).

## EL MODO

Dentro de la flexión del verbo en Castellano, el modo es el accidente que nos indica la actitud o punto de vista del hablante con relación a la acción.

Existen tres modos en Castellano: Imperativo, Indicativo y Subjuntivo.

1.º **El Imperativo** es un modo especial que responde a la función activa del lenguaje.

Expresa mandato o ruego dirigidos a un oyente o tercera persona, de los cuales depende la realización de la acción.

El Imperativo solamente tiene como formas propias la segunda persona del singular y del plural:

Canta, cantad; bebe, bebed; vive, vivid.

Para el resto de las personas se usan normalmente las formas del presente de Subjuntivo:

Ej.: *Cante (él), bebamos (nosotros), vivan (ellos).*

Podemos comprobar que, incluso la segunda persona de singular o plural, cuando van en forma negativa adoptan las formas del presente de Subjuntivo:

Ej.: *No cantes, no cantéis, no bebas, no bebáis, no vivas, no viváis.*

### Transformaciones del Imperativo

*a)* Cuando lleva pronombres átonos, normalmente los lleva pospuestos en las oraciones afirmativas y sufre alguna transformación en la primera y segunda persona del plural:

Ej.: *Dúchate* (tú), *dúchese* (él, Vd.), *duchémonos* (pérdida de la -s: duchemosnos), *duchaos* (pérdida de la -d: duchad-os), *dúchense* (ellos, Vds.).

De todas formas, con respecto a estas variaciones, se ha extendido bastante el uso vulgar de emplear el Infinitivo + el nombre pospuesto en lugar del Imperativo en la segunda persona del plural, aunque ello no deje de ser un vulgarismo:

Ej.: *ducharos, sentaros, beberos...*

*b)* En las oraciones negativas, el Imperativo lleva las formas pronominales entre la negación y el verbo con las formas del presente de Subjuntivo:

Ej.: *No te duches* (tú), *no se duche* (él, Vd.), *no nos duchemos* (nosotros), *no os duchéis* (vosotros), *no se duchen* (ellos, Vds.).

*c*) Para expresar la misma acción activa o exhortativa del Imperativo y con un valor muy expresivo, se puede usar el infinitivo acompañado de la preposición «a»:

Ej.: *¡A ducharse!, ¡A callar!, ¡A comer!*

Esta estructura es válida para todas las personas.

2.º **El Indicativo** presenta los hechos o acciones como reales o experimentados en el pasado, en el presente y en el futuro. Son acciones expresadas desde el punto de vista objetivo del hablante o de la realidad experimental, sin que el hablante intente cambiar o alterar esa realidad o, incluso, sin que esa realidad altere la actitud propia del hablante.

3.º **El Subjuntivo** presenta los hechos o acciones como pensados, no experimentados, imaginados en el presente, en el pasado y en el futuro.

Se trata de acciones expresadas desde el punto de vista subjetivo del hablante. Cuando se utiliza el modo Subjuntivo, el hablante intenta cambiar o alterar la realidad e incluso reacciona objetiva o subjetivamente ante la existencia o no existencia de una acción realizada por otro sujeto:

Ej.: *Quisiera ser un gran cantante* (imaginado en presente o futuro).
*Me molesta que no trabajen con eficacia* (reacción objetiva-subjetiva ante otra acción).
*Iré contigo cuando termine la clase* (acción no experimentada).


**EL TIEMPO VERBAL (Las formas personales)**

El tiempo es la modificación de la acción verbal que nos indica el momento de la realización de la acción. Esta realización puede cumplirse en el presente, pasado o pretérito y futuro. Los verbos castellanos, para indicar estas modificaciones temporales, se sirven de una serie de morfemas o características.

Podemos distinguir también los llamados tiempos simples (formados por una palabra) y tiempos compuestos (formados por dos o más palabras).

Ahora bien, los distintos tiempos en Castellano, además de tener características o terminaciones diferentes, tienen también distintas funciones. De todas estas particularidades hablaremos en este apartado, intentando pormenorizar la casuística de cada tiempo en concreto.

Importante en el estudio de los tiempos verbales es el hecho de diferenciar claramente lo que es el tiempo verbal (Presente de Indicativo, Condicional, Pretérito Perfecto...) de lo que es el tiempo real. Tiempos verbales sabemos que hay muchos, concretamente diecisiete; pero tiempos reales sólo hay tres: presente (hoy), pasado (anterior a hoy) y futuro (posterior a hoy). Como podemos observar hay un desequilibrio numérico aparente entre el tiempo verbal y el real. Pero queda dicho que es aparente, pues en la práctica el sistema verbal español ofrece la posibilidad de especificar en cualquier tiempo real la anterioridad, simultaneidad o posterioridad de las distintas acciones del contexto. Con lo cual las posibilidades sistemáticas teóricas de la conjugación verbal española pueden quedar y de hecho quedan, reflejadas en la práctica. Así tenemos un presente del presente, un pasado del presente (pret. perfecto), un futuro del presente; un presente del pasado (pret. imperfecto), pasado del pasado (pret. pluscuamperfecto), futuro del pasado (condicional simple), etc...

**FORMAS PERSONALES DEL VERBO**

## A) Modo Indicativo

### 1.º Presente.

FORMACION REGULAR:

| -AR | -ER | -IR |
|-----|-----|-----|
| -o | -o | -o |
| -as | -es | -es |
| -a | -e | -e |
| -amos | -emos | -imos |
| -áis | -éis | -ís |
| -an | -en | -en |

FUNCION:

*a*) Con el tiempo presente podemos expresar acciones actuales, que realizamos en este preciso momento.

Ej.: *Leo un libro; escribo una carta; veo la ciudad...*

*b*) Podemos expresar una acción no actual, pero sí habitual o normalmente realizada en el pasado y en el presente.

Ej.: *Estudio dos horas cada día.*
*Me gusta mucho la música.*
*Voy todos los días a clase.*

*c*) Podemos expresar con el presente enunciados intemporales, que se han cumplido, se cumplen y se cumplirán.

Ej.: *El hombre es mortal.*
*Querer es poder.*
*Los hombres tienen muchas imperfecciones.*

*d*) Existe un llamado «presente histórico» con el que actualizamos hechos pasados, o simplemente nuestra mente va hacia el pasado y expresa la acción como si se tratara del presente actual.

Ej.: *Recuerdo mis acciones del primer día de clase: entro en clase, los alumnos ya están sentados, abro el libro y todo se llena de una atmósfera inquietante. De pronto, la secretaria entró en clase y dijo: esta clase no corresponde a este grupo de alumnos.*

*e*) También con el presente podemos expresar acciones en el futuro, intentando acercar el futuro hacia el momento en el que el hablante habla.

Ej.: *Esta noche voy al cine.*
*El próximo verano viajo con mi familia a Canarias.*

*f*) Incluso existe una función del tiempo presente con valor de mandato utilizado con mucha frecuencia en la lengua coloquial.

Ej.: *Ahora te vas y aquí no ha pasado nada.* (Ahora vete y...).
*Tú te quedas con nosotros.* (Quédate con nosotros).

2.º **Pretérito Perfecto.**

FORMACION: Es un tiempo compuesto. Se forma con el presente de indicativo del verbo HABER + el participio pasado del verbo que se conjuga.

Ej.: *He amado; has venido; hemos estudiado...*

FUNCION:

Utilizamos este tiempo cuando queremos expresar una acción terminada, pero unida de alguna manera con el tiempo real presente en el que se habla.

Hay que tener en cuenta que este tiempo presente puede ser relativamente amplio:

*a*) Momento en el que se habla.

Ej.: *Hace un momento he hablado con Juan.*

*b*) Acción terminada en el día.

Ej.: *Hoy he ido al teatro.*

*c*) Acción terminada en un tiempo cercano.

Ej.: *Últimamente he trabajado mucho.*

*d*) El año en el que se habla.

Ej.: *Este año hemos tenido buen tiempo.*

*e*) Período de tiempo determinado unido al presente.

Ej.: *En diez años* (hasta ahora) *he leído cien libros.*

*f*) Toda una vida e incluso la vida misma.

Ej.: *He viajado tres veces a Francia* (en toda mi vida).
*En este siglo ha habido dos guerras mundiales.*
*En toda la existencia del hombre ha habido muchos progresos.*

3.º **Pasado Simple o Pretérito Indefinido.**

FORMACION: Se trata de un tiempo simple que se forma regularmente con la raíz del infinitivo más unas terminaciones particulares:

| -AR | -ER, -IR |
|-----|----------|
| -é | -í |
| -aste | -iste |
| -ó | -ió |
| -amos | -imos |
| -asteis | -isteis |
| -aron | -ieron |

FUNCION:

La utilización del Pasado Simple se opone a la del Pretérito Perfecto en que el Pasado Simple, indicándonos también una acción terminada, ofrece la información de que esa acción no tiene nada que ver con el momento actual, con el momento en el que se habla. Se trata de una acción separada, de alguna manera, del momento presente.

Ej.: *Ayer hablé con Juan.*
*Esta mañana leí el periódico* (no esta tarde, momento en el que se habla).
*El año pasado fui tres veces a Francia.*

En Castellano normalmente existe la oposición entre el Pasado Simple y el Pretérito Perfecto en el habla coloquial y en la literatura, pero existen algunas zonas geográficas en las que hay neutralización.

En la zona del Noreste español la neutralización es en favor del Pretérito Perfecto.

En la zona del Noroeste la neutralización se hace en favor del Pasado Simple, incluso afecta a grandes zonas de Hispanoamérica, aunque en la lengua literaria, y en ambos casos, la oposición subsiste.

### 4.º Pretérito Imperfecto.

FORMACION: Es un tiempo simple que se forma regularmente con la raíz del infinitivo más unas terminaciones particulares:

| -AR | -ER, -IR |
|-----|----------|
| -aba | -ía |
| -abas | -ías |
| -aba | -ía |
| -ábamos | -íamos |
| -abais | -íais |
| -aban | -ían |

FUNCION:

El Imperfecto es un tiempo que expresa una acción pasada de la que no interesan ni el principio ni el fin. Con este tiempo no nos referimos al límite temporal de la acción, sino al transcurso de la misma, a su carácter inacabado o a su duración.

*a)* Normalmente se emplea en las descripciones, significando el desarrollo, progresión o duración no limitada de las acciones y coexistiendo con otras acciones en el pasado.

Ej.: *Era una tarde gris de otoño, no se oía ningún ruido en la calle, la ciudad estaba vacía...*

*b)* Tiene un valor reiterativo o de repetición continua de una acción en el pasado.

Ej.: *Cuando era* (v. durativo) *niño todos los días iba* (reiterativo) *al colegio con mis amigos.*

*c)* También utilizamos el Imperfecto cuando tratamos de expresar una acción que se va a comenzar en el pasado, pero por cualquier otra circunstancia se interrumpe su desarrollo; éste es el llamado valor incoativo del Imperfecto.

Ej.: *Cuando Juan salía de su casa sonó el teléfono.*

*d)* Incluso utilizamos el Imperfecto, en sustitución del Presente, con valor de cortesía, expresando acciones cuya realización o desarrollo hacemos depender de la voluntad de otro interlocutor.

Ej.: *Por favor, yo quería hablar con el director.*
*¿Podía ayudarme a llevar las maletas?*

Estas situaciones de cortesía se neutralizan en muchas ocasiones con el Condicional Simple.

Para una correcta utilización de este tiempo verbal se puede recurrir a su diferenciación como tiempo verbal absoluto o relativo (ver aspecto verbal).

*e*) Como absoluto, y con la ayuda del adverbio temporal «ANTES», explícito o implícito, expresa una acción no localizada, no concretada en la línea imaginaria del tiempo real. Se trata, pues, de una acción no delimitada en el pasado.

Ej.: ***Antes yo sólo bebía vino.***
***¿Sabes que Luis es otorrinolaringólogo?***
***—No lo sabía*** (antes, ahora ya lo sé).

*f*) Como relativo, como su propia denominación indica: Imperfecto relativo, tiene que ir con otro tiempo del pasado y expresa una acción no terminada en relación con ese tiempo pasado; pero, por lógica, siempre expresará una acción terminada en relación con el tiempo real presente.

Ej.: ***Cuando he llegado a clase, la luz (no) estaba encendida.***
***Cuando llegué a España tenía 18 años.***
Ver diferencia:
***El día que llegué a España cumplí 18 años.***

### 5.º Pretérito Pluscuamperfecto.

FORMACION: Es un tiempo compuesto y, por lo tanto, su formación es bastante sencilla. Se construye con el Imperfecto de Indicativo del verbo HABER + el participio pasado del verbo que se conjuga:

Ej.: ***Había amado, habíamos bebido, habían vivido.***

El verbo auxiliar HABER concuerda con el sujeto.

FUNCION:

Expresa una acción terminada, anterior a otra acción en el pasado. Por lo tanto, es relativo. Su función sintáctica es, más o menos, paralela a la del pretérito perfecto, pero en lugar de ser una acción terminada, anterior o unida de alguna manera al presente, se trata de una acción terminada anterior a cualquier otra acción en el pasado. Generalmente no se relaciona nunca con el presente.

Ej.: ***Cuando Juan llegó al teatro ya había comenzado la función.***
***Cuando él comenzaba la carrera yo la había terminado.***
***Cuando has llegado, el profesor había comenzado la clase.***

### 6.º Pretérito Anterior.

FORMACION: También se trata de un tiempo compuesto y se construye con el pasado simple del verbo HABER + el participio pasado del verbo que se conjuga:

Ej.: ***Hube amado, hubieron llegado, hubo bebido...***

FUNCION:

Se puede decir que este tiempo es poco usado en el Castellano moderno, su uso actual es literario.

Tiene una función muy parecida a la del pluscuamperfecto (anterioridad a otra acción del pasado) y la diferencia estriba en que el pretérito anterior expresa una acción terminada, inmediatamente anterior a otra del pasado y es usado normalmente con partículas temporales que expresan esta inmediatez (apenas, en cuanto, después de que, luego que...).

Ej.: **Apenas hubo descansado comenzó de nuevo su viaje.**
**En cuanto se hubieron levantado sonó la sirena de alarma.**

### 7.º **Futuro.**

FORMACION: Es un tiempo simple y su formación regular en las tres conjugaciones, consiste en añadir al infinitivo unas terminaciones particulares:

-é, -ás, -á, -emos, -éis, -án.

FUNCION:

El Futuro Simple expresa una acción absoluta en un tiempo venidero o futuro:

Ej.: **Mañana iré al cine.**
**El próximo verano viajaré por la India.**

Pero el futuro puede tener otras funciones:

*a*) Con la forma del futuro también podemos expresar la suposición, probabilidad o vacilación en el presente.

Ej.: **¿Qué hora será ahora?**
**Juan tendrá unos treinta años.**

*b*) En algunos contextos la forma del futuro sustituye a la segunda persona del Imperativo, y expresa mandato, prohibición e incluso obligación.

Ej.: **Ahora irás a la cama y descansarás siete horas.**
**No hurtarás, no matarás, no fornicarás...**

*c*) En algunas ocasiones se utiliza el futuro en oraciones interrogativas y exclamativas en las que indica asombro o sorpresa ante un hecho, en muchas ocasiones, conocido de antemano.

Ej.: **¡Serás tonto!**
**¿Te atreverás a negarlo?**

*d*) E incluso se puede constatar el uso del futuro con valor de cortesía en el tiempo presente.

Ej.: **¿Será usted tan amable de dejarme el periódico?**

### 8.º **Futuro Perfecto.**

FORMACION: Es un tiempo compuesto y se construye con el futuro del verbo HABER + el participio pasado del verbo que queremos conjugar.

Ej.: **Habré amado, habrás bebido, habrán vivido...**

FUNCION:

Su valor más usual es el valor relativo que indica una acción futura o venidera, terminada, anterior a otra acción futura también.

Ej.: *Cuando quieras empezar a estudiar, habrá terminado el curso.*
*Cuando lleguemos al cine, habrá comenzado la película.*
*Antes de las ocho ya habremos llegado a Salamanca.*

Otras funciones:

*a*) Al igual que el futuro, que expresa la suposición, probabilidad o vacilación en el tiempo presente, el futuro perfecto puede expresarnos la misma probabilidad o suposición en tiempo pasado, sustituyendo al pretérito perfecto.

Ej.: *¿Dónde ha ido Juan? Habrá ido al cine, no lo sé.*

*b*) El futuro compuesto, en oraciones exclamativas, también puede expresar asombro o sorpresa.

Ej.: *¡Habrase visto semejante estupidez!*

### 9.º Condicional Simple.

FORMACION: Originariamente para formar el condicional simple se añadían al infinitivo unas terminaciones particulares de imperfecto de la segunda y tercera conjugación:

AMAR
BEBER | -ía, -ías, -ía, -íamos, -íais, -ían
VIVIR

De esta formación nos resultan los condicionales regulares: amaría, beberíamos, vivirían, comerían...

En un apartado anterior hemos visto la existencia de futuros irregulares en algunos verbos; el condicional simple de esos mismos verbos se forma a partir de esa misma irregularidad: quitando la desinencia típica del futuro y añadiendo la del condicional:

PODER: **Futuro:** podré... **Condicional:** podría...
SABER: **Futuro:** sabré... **Condicional:** sabría...
DECIR: **Futuro:** diré... **Condicional:** diría...

FUNCION:

El condicional simple es un tiempo *relativo* que expresa una acción futura en relación con el pasado. Es, por lo tanto, *un futuro del pasado.*

Ej.: *Juan dijo que vendría a verme.*

El cumplimiento de la acción expresada por el condicional es totalmente intemporal. La acción puede tratarse del pasado:

Ej.: *Dijo que vendría y vino ayer a verme.*

Puede tratarse del presente:

Ej.: *Dijo que vendría y ha venido hoy a verme.*
*Dijo que vendría y aquí está.*

E incluso puede tratarse del futuro con respecto al momento en el que hablo:

Ej.: *Dijo que vendría, no ha venido hoy, pero puede venir mañana.*

Vemos, pues, que en este caso la relación del condicional con el pasado es una relación fija, de futuro; pero con respecto al presente o momento en el que se habla se trata de una relación variable, pasada, presente o venidera; pero en todos los casos no hay obligatoriedad de que se cumpla, por lo tanto se trata generalmente de una acción potencial. Por esta razón uno de los usos más corrientes del condicional simple se da en la apódosis de las llamadas también oraciones condicionales.

Ej.: *Me compraría un coche si tuviera dinero.*

Otras funciones:

*a*) El condicional simple se utiliza también para expresar la probabilidad, vacilación o no seguridad en el pasado, sustituyendo en estos casos a los tiempos pasado simple e imperfecto.

Ej.: *Juan llegó anoche a casa a las nueve* (seguridad).
*Juan llegaría anoche a casa a las nueve* (no hay seguridad).
*Tenía veinte años cuando murió* (seguridad).
*Tendría veinte años cuando murió* (no hay seguridad).

*b*) También se usa el condicional simple para expresar el «deseo» en el presente y en el futuro, «consejos», «sugerencias», «cortesía»...

Ej.: *Me gustaría ahora hablar perfectamente inglés.*
*Iría el domingo con vosotros, pero no puedo.*
*Deberías estudiar más el subjuntivo.*
*Podríamos hablar de economía.*
*¿Le importaría dejarme pasar?*
*¿Podría decirme dónde está la Playa Mayor?*

### 10.º Condicional Compuesto.

FORMACION: Se forma con el condicional simple del verbo HABER + el participio pasado del verbo que se conjuga.

Ej.: *Habría comido, habrías viajado, habrían bebido...*

FUNCION:

*a*) Este tiempo, al igual que el condicional simple, indica una acción futura, pero acabada, a partir de un tiempo del pasado.

Ej.: *Juan creía que cuando terminase sus estudios habría aprendido algo nuevo.*

En este ejemplo vemos el valor relativo del condicional compuesto. Se trata de una acción futura con respecto al verbo «creía», y una acción pasada y terminada en relación al verbo «terminase».

Realmente, en el ejemplo anteriormente visto, no está claro si la acción de «aprender» se ha realizado o no, pero generalmente la utilización del condicional compuesto indica el no cumplimiento de dicha acción. En dos palabras: expresa *una hipótesis sobre una acción que pudo cumplirse en el pasado, pero que no se cumplió.* Expresa, pues, una potencia no realizada en el pasado.

Ej.: *Ayer habría ido al cine con vosotros, pero no pude.*

*b*) Se utiliza el condicional también para expresar la probabilidad, vacilación o no seguridad del cumplimiento de una acción anterior a otra en el pasado. En este caso sustituye al pluscuamperfecto de indicativo.

Ej.: *Ayer fui a ver a Juan y no estaba en casa, seguramente no habría salido del trabajo* (no hay total seguridad).

## CUADRO RESUMEN DE SUSTITUCIONES PARA EXPRESAR LA PROBABILIDAD

Futuro Simple... en lugar de... Presente de Indicativo.

Ej.: **Juan tendrá más o menos veinte años** (probabilidad en el presente).

Futuro Compuesto... en lugar de... Pretérito Perfecto de Indicativo.

Ej.: **Juan tiene mala cara, habrá estado enfermo** (probabilidad en pasado).

Condicional Simple... en lugar de... $\begin{cases} \text{Imperfecto de Indicativo} \\ \text{Pasado Simple} \end{cases}$

Ej.: **Estaría en casa o iría al cine** (probabilidad en pasado).

Condicional Compuesto... en lugar de... Pluscuamperfecto de Indicativo.

Ej.: **Habría ido al cine o habría salido de casa** (probabilidad en pasado).

### B) Modo Subjuntivo

#### 1.º Presente.

FORMACION: La formación de este tiempo es bastante sencilla una vez que el alumno conoce, más o menos, la vida interior del verbo y las maneras de formar los tiempos del indicativo.

Regularmente se construye el presente de subjuntivo a partir de la raíz del infinitivo (AM-ar, BEB-er, VIV-ir) más unas terminaciones particulares propias:

| -AR | -ER, -IR |
|---|---|
| AM- e | BEB-, VIV- a |
| - es | - as |
| - e | - a |
| - emos | - amos |
| - éis | - áis |
| - en | - an |

FUNCION:

En Castellano utilizamos el presente de subjuntivo con mucha frecuencia en distintas y variadas situaciones, pero normalmente con un valor temporal de presente o de futuro, nunca de pasado.

Si tomamos como ejemplo la frase:

**«NO QUIERO QUE CANTES»,**

de ninguna manera podemos pensar en un tiempo pasado, pero la acción temporal de «CANTES» no es absoluta y, en principio, no podemos determinar claramente si se trata de un tiempo presente o futuro. Por lo tanto la acción temporal debe ir determinada por el contexto:

**«NO QUIERO QUE CANTES AHORA»** (tiempo presente: ahora estás cantando).
**«NO QUIERO QUE CANTES MAÑANA»** (acción venidera).

De esta manera, el presente de subjuntivo, tanto en oraciones independientes como subordinadas, tiene u ofrece un matiz de futuro o de eventualidad, incertidumbre, prohibición, irrealidad, no experiencia, desconocimiento, duda e, incluso, falta de apreciación voluntaria de la realidad.

Ej.: *Aunque seas mi hijo no puedes hacer lo que quieras.*
*Cuando vayas a Madrid, cómprame un libro de Baroja.*
*¡Ojalá estén mis amigos en casa!*
*Quizá no venga mañana a clase.*

### 2.º Pretérito Perfecto.

FORMACION: Se trata de un tiempo compuesto y se forma con el presente de subjuntivo del verbo HABER + el participio pasado del verbo que queremos conjugar.

Ej.: *Haya amado, hayamos bebido, hayan terminado...*

FUNCION:

Este tiempo expresa una acción acabada en un tiempo pasado o futuro, aunque realmente el conocimiento de esa acción acabada no es seguro, por esa razón se utiliza el subjuntivo en lugar del indicativo.

Ej.: *Juan ha ido al cine* (indicativo: conocimiento de la acción).
*Quizá haya ido al cine* (subjuntivo: no lo sé realmente).

El pretérito perfecto de subjuntivo también puede expresar una acción acabada en el futuro, por lo tanto, no experimentada y generalmente dependiente de otras acciones.

Ej.: *Cuando haya terminado mis vacaciones comenzaré a estudiar.*
*Llámame por teléfono en cuanto haya salido el número premiado.*

De todas formas parece que en el habla actual el pretérito perfecto de subjuntivo se usa cada vez menos y sufre una serie de neutralizaciones.

*a)* Cuando expresa acción terminada en el pasado, no conocida, se sustituye en algunas ocasiones por el imperfecto de subjuntivo.

Ej.: *Quizá estudiaras, pero no sabes la lección* (quizá hayas estudiado, pero no sabes la lección).

*b)* Cuando expresa acción terminada en el futuro, no experimentada, se sustituye en algunas ocasiones por el presente de subjuntivo.

Ej.: *Cuando termine la clase, ven a verme* (cuando haya terminado la clase, ven a verme).

### 3.º Pretérito Imperfecto.

FORMACION: Una manera sencilla de aprender la formación de este tiempo es a partir de la tercera persona del plural del pretérito indefinido o pasado simple de indicativo (amaron, tuvieron, persiguieron...); a esta forma le quitamos la terminación -RON y le añadimos una de las dos series siguientes:

ama-ron, tuvie-ron $\left\{\begin{array}{l}\text{-ra, -ras, -ra, -ramos, -rais, -ran}\\ \text{-se, -ses, -se, -semos, -seis, -sen}\end{array}\right.$
fue-ron, vivie-ron

FUNCION:

El significado temporal del imperfecto de subjuntivo puede ser pasado, presente o futuro, dependiendo del momento en el que se habla y de la situación o del contexto; por lo tanto, puede expresar acciones simultáneas, anteriores o posteriores a la acción principal. Esta variedad temporal del imperfecto de subjuntivo depende, no sólo del contexto, sino también de la intencionalidad del hablante.

Ej.: *¡Ojalá fuera rico!* (tiempo presente o futuro).
*Tal vez estuviera en casa* (tiempo pasado).
*Yo quería que tú estudiaras* (acción simultánea o posterior).
*Si me tocara la lotería, compraría un piso* (acción anterior).

Las dos formas del imperfecto de subjuntivo proceden del pluscuamperfecto de indicativo latino (la forma en -ra) y del pluscuamperfecto de subjuntivo latino (la forma en -se). La identificación de estas formas se debe a un largo proceso histórico, pero aún no ha llegado a ser completa del todo, y así nos encontramos con la utilización del imperfecto de subjuntivo en frases de cortesía en las que solamente se puede utilizar la forma en -ra.

Ej.: *Quisiera ver a D. Juan.*

### 4.º Pluscuamperfecto.

FORMACION: Al tratarse de un tiempo compuesto se construye con el imperfecto de subjuntivo del verbo HABER + el participio pasado del verbo que se conjuga.

Ej.: *Hubiera o hubiese amado, bebido, vivido, tenido...*

FUNCION:

El pluscuamperfecto expresa en el subjuntivo las mismas relaciones temporales que en el indicativo, pero se trata de acciones no reales o no experimentadas, son hipótesis o suposiciones de acciones no realizadas.

Ej.: *¡Ojalá hubiera ido con vosotros!* (realmente no fui).
*Si lo hubiera sabido, no hubiera* (habría) *venido* (No lo sabía y por eso he venido).
*¡Si hubieras estudiado la lección, ahora no tendrías problemas!* (No has estudiado).

### 5.º Futuro Simple y Futuro Compuesto.

FORMACION: El futuro simple de subjuntivo se forma también a partir de la tercera persona del plural del pretérito indefinido o pasado simple de indicativo (amaron, tuvieron, persiguieron...); a esta forma le quitamos la terminación -RON y le añadimos las terminaciones propias del futuro de subjuntivo: -re, -res, -re, -remos, -reis, -ren (amare, tuviere, persiguiere...). Hay que tener en cuenta, al igual que en el imperfecto, que el acento se mantiene en su posición anterior y, por lo tanto, la primera persona del plural es esdrújula: amáremos, tuviéremos, siguiéremos...

El futuro compuesto se forma con el futuro de subjuntivo del verbo HABER + el participio pasado del verbo que se conjuga.

Ej.: *Hubiere amado, hubieres tenido, hubieren perseguido...*

FUNCION:

El futuro simple de subjuntivo presenta un hecho como no acabado, y el futuro compuesto nos presenta la acción como acabada, pero no real.

El uso actual de estos dos tiempos es muy poco común y tan sólo se utiliza en hablas especializadas y en concreto en el lenguaje jurídico (arcaico y conservador en algunos contextos).

Ej.: *Cuando los herederos mayores de edad no se entendieren sobre el modo de hacer la partición... (Cód. Civil, art. 1.059).*
*Mientras el acreedor no hubiere aceptado la consignación o no hubiere recaído la declaración judicial de que está bien hecha... (Cód. Civil, art. 1.180).*


## FORMAS NO PERSONALES DEL VERBO

Se llaman formas no personales del verbo precisamente porque no indican ninguna persona en concreto. Se trata del Infinitivo, Gerundio y Participio. El Infinitivo es un sustantivo verbal, el Gerundio un adverbio verbal y el Participio un adjetivo verbal. Podemos añadir que, además de ser formas no personales, tienen en común el no expresar el tiempo en que sucede la acción, que dependerá de otras circunstancias de la oración (un verbo principal, adverbios, etc...).


### EL INFINITIVO

El infinitivo es un sustantivo verbal masculino. Algunos infinitivos admiten el plural, puesto que se han lexicalizado y se consideran como sustantivos permanentes.

Ej.: *Los andares de los niños son muy simpáticos.*
*Los decires populares tienen mucha miga.*
*Los quereres, pesares y deberes de los hombres son muchos.*

CARACTERIZACION:

*a)* El infinitivo, considerado como tal sustantivo, puede ir acompañado de determinantes y preposiciones.

Ej.: *Por este querer me vuelvo loco.*
*En el cumplimiento del deber está la solución.*

*b)* El infinitivo, como sustantivo, puede desempeñar el oficio de sujeto.

Ej.: *El beber y el comer son actos necesarios y placenteros.*

*c)* Puede así mismo, desempeñar el oficio de predicado nominal o atributo.

Ej.: *El amor es entregarse a los demás.*

*d)* También como sustantivo, puede ser complemento de otro sustantivo.

Ej.: *Es hora de comenzar la clase.*

*e)* El infinitivo nominal puede desempeñar el oficio de complemento directo o circunstancial de un verbo.

Ej.: *Quiero ver pronto el progresar de mis alumnos.*
*Juan se volvió loco por pensar demasiado.*

*f)* El infinitivo simple nos ofrece generalmente una acción de aspecto imperfecto, no acabado; por su parte, el infinitivo compuesto ofrece una acción de aspecto perfecto, acabado.

Ej.: *Te darán el premio por cantar bien.*
*Te darán el premio por haber cantado bien.*

*g)* El infinitivo verbal puede llevar sujeto explícito o implícito y se pueden dar varios casos:

Sujeto indeterminado o generalizado, ya que no interesa concretar.

Ej.: *Más vale prevenir que curar.*

Puede llevar sujeto explícito unido al infinitivo por medio de la preposición «de». Incluso puede expresarse el sujeto por medio de un adjetivo o pronombre posesivo.

Ej.: *El sonar de las gotas de lluvia en el pavimento me despertó.*
*Tu mirar y tu alegría me llenan de esperanza.*
*Ese hablar tuyo, dulce, sereno, me tranquiliza.*

El sujeto del infinitivo, en muchas ocasiones, puede ser el mismo que el del verbo principal.

Ej.: *Quiero ir a Londres para practicar el idioma.*

También, en otras muchas ocasiones, el sujeto del infinitivo, puede ser distinto del sujeto del verbo principal. En estos casos el sujeto del infinitivo suele ir detrás del mismo infinitivo.

Ej.: *Al comenzar el concierto todo el mundo guardaba un silencio ansioso.*


## EL GERUNDIO

El gerundio simple (amando, bebiendo, viviendo...) comunica una acción como no terminada, durativa, imperfecta, temporalmente simultánea a la acción del verbo de la oración en que se halla, o inmediatamente anterior o próxima a la acción de dicho verbo.

Ej.: *Jugando se aprenden muchas cosas.*
*Bebiendo un vaso de vino y aclarando la garganta comenzó a cantar por soleares.*

El gerundio compuesto (habiendo amado, habiendo bebido, habiendo vivido...) indica una acción perfecta, acabada, y siempre anterior a la acción principal.

Ej.: *Habiendo terminado mi trabajo, salí a dar un paseo.*

El gerundio admite pronombres enclíticos o pospuestos.

Ej.: *Habiéndola leído, comprobó Juan que la noticia no era falsa.*

El gerundio normalmente no admite preposiciones, aunque podemos encontrar casos con la preposición «EN» más «GERUNDIO» para significar la anterioridad inmediata. Pero este uso, hoy día, es poco frecuente en la lengua normativa y su utilización va considerándose como un vulgarismo o, más bien y sin desprecio alguno, como un ruralismo.

Ej.: ***En comiendo podremos jugar una partida de mus.***

La función sintáctica más normal del gerundio es la de modificar al verbo como un adverbio de modo.

Ej.: ***Juan trabaja pensando en su familia.***
***Luisa se divierte hablando de temas interesantes.***

## EL PARTICIPIO

El participio, a diferencia del infinitivo y del gerundio, es variable y concuerda en género y número con el sustantivo al que se refiere.

Ej.: ***Trabajo terminado. Empresas cerradas.***

Normalmente el participio que acompaña a un sustantivo nos comunica que la acción expresada por ese participio se ha cumplido o se cumplirá precisamente en el sustantivo al que acompaña.

Ej.: ***Hombre casado, burro estropeado.***

El participio solamente es invariable cuando va con el auxiliar HABER, y va en masculino singular.

Ej.: ***María ha lavado el vestido.***
***Juan ha escrito una novela.***
***He visto unos coches maravillosos.***

El participio cuando acompaña al nombre, pero por su naturaleza de verbo, forma proposiciones subordinadas adjetivas, explicativas o especificativas, equivalentes a proposiciones de relativo.

Ej.: ***Los estudiantes, sorprendidos, miraban atentamente al profesor*** (explicativa).
***Los estudiantes sorprendidos miraban atentamente al profesor*** (especificativa).

El participio, en frase absoluta, funciona como un adverbio y tiene un significado temporal anterior a la acción del verbo principal. Esta construcción suele ir normalmente al principio de la oración.

Ej.: ***Terminada la jornada laboral, los trabajadores salieron de la fábrica.***

En las construcciones anteriores, frases absolutas, el participio puede tener también valor modal, condicional y concesivo.

Ej.: ***Javier, desesperado, buscaba por todas partes a su amiga*** (modal).
***Visto de esa manera, el problema tiene fácil solución*** (condicional).
***Si bien restaurada, la casa conserva el sabor de lo añejo*** (concesivo).

## LA VOZ PASIVA

Normalmente el interés del que habla se centra en el sujeto que realiza la acción, pero cuando este interés se centra en el objeto de la acción, el juicio se expresa por medio del verbo en construcción pasiva.

En estas oraciones pasivas el sujeto recibe la acción del verbo y se denomina «sujeto paciente».

Ej.: *El párrafo es dictado.*
*El libro era leído.*
*El tema era conocido.*

La persona o productor de la acción, en la oración pasiva, se denomina «complemento agente» y puede añadirse a la acción normalmente acompañado de la preposición «POR» y en algunos casos «DE».

Ej.: *El párrafo es dictado por el profesor.*
*El libro era leído por Manuel.*
*El tema era conocido por (de) todos.*

La voz pasiva, en el español moderno, se utiliza con relativa poca frecuencia, pero en los casos de utilización se construye con el verbo SER o ESTAR más el participio pasado del verbo que queremos expresar. Todo depende de si se quiere hacer la descripción de la acción misma (la luz es encendida por Pedro) o de si se quiere ofrecer el resultado de la acción (la luz está encendida).


## EL ASPECTO VERBAL

Podemos llamar aspecto verbal al accidente gramatical relativo al desarrollo interno de la acción verbal. El aspecto verbal expresa el tiempo interno de la acción, que viene marcado no sólo por el significado propio del verbo en cuestión, sino también por modificaciones externas o circunstancias gramaticales ajenas al mismo verbo.

Lógicamente en el significado del verbo se unirán el aspecto o tiempo interno y también el tiempo externo. De esta manera es muy amplia la variedad de valores que puede adquirir la significación verbal.

Las modificaciones que pueden reforzar o alterar la clase de acción que cada verbo tiene por su propio significado, pueden ser morfológicas o perifrásticas. Por ejemplo, el verbo «dormir» tiene un *aspecto durativo,* pero que puede transformarse en *incoativo* en la forma pronominal «dormirse». También mediante la perífrasis, podemos presentar aspectos *progresivos, durativos* y *perfectivos.*

Ej.: *Empieza a llover* (aspecto incoativo-progresivo).
*Juan está estudiando* (aspecto durativo).
*Luisa tiene estudiadas tres lecciones* (aspecto perfectivo).

Los diferentes tiempos verbales, por sí mismos, imprimen de manera constante el aspecto *perfectivo* e *imperfectivo* a la expresión verbal.

El *aspecto imperfectivo* de los tiempos imperfectos nos presenta un tiempo interno de la acción en su transcurso o continuidad, sin que interesen el comienzo o el final de la misma acción.

Ej.: *María estudiaba cuando podía.*
*Estaba tranquilo mirando a la gente.*

El *aspecto perfectivo* de los tiempos perfectos nos presenta un tiempo interno de la acción limitado de alguna manera; se trata, en definitiva, de una acción fija en el tiempo.

Ej.: *Hoy me he levantado a las siete.*

Los tiempos que ofrecen aspecto imperfectivo son los tiempos simples de la conjugación española, a excepción del pasado simple o pretérito indefinido.

Ofrecen aspecto perfectivo, el pasado simple o-el pretérito indefinido y todos los tiempos compuestos de la conjugación española.

También podemos llamar *tiempos absolutos* los que por sí solos se sitúan en el contexto en un punto concreto del pasado, presente o futuro. Son tiempos absolutos: el presente, perfecto simple o indefinido, pretérito perfecto, el futuro y el imperativo.

Los tiempos que llamamos *relativos* son los que necesitan de otro verbo o de otro adverbio o del propio contexto para expresar su situación en la línea temporal. Son tiempos relativos los anteriormente no mencionados.

Los *tiempos del subjuntivo,* subordinado, *son normalmente relativos.* En las oraciones *independientes,* los tiempos del subjuntivo se utilizan *como absolutos.*

De todas formas, de todo lo anteriormente expuesto, en muchas ocasiones hay que hacer caso omiso, puesto que estas clasificaciones sobre el carácter temporal de los tiempos verbales no son definitivas y rigurosas, ya que las interferencias pueden ser continuas y la casuística del habla puede ser interminable.

# Conjugación Pasiva

| INDICATIVO | | SUBJUNTIVO | |
|---|---|---|---|

| *Presente* | *Pret. Perfecto* | *Presente* | *Pret. Perfecto* |
|---|---|---|---|
| soy amado | he sido amado | sea amado | haya sido amado |
| eres amado | has sido amado | seas amado | hayas sido amado |
| es amado | ha sido amado | sea amado | haya sido amado |
| somos amados | hemos sido amados | seamos amados | hayamos sido amados |
| sois amados | habéis sido amados | seáis amados | hayáis sido amados |
| son amados | han sido amados | sean amados | hayan sido amados |

| *Pret. Imperf.* | *Pret. Pluscuamp.* | *Pret. Imperf.* | *Pret. Pluscuamp.* |
|---|---|---|---|
| era amado | había sido amado | fuera | hubiera *o* hubiese |
| eras amado | habías sido amado | *o* fuese amado | sido amado |
| era amado | había sido amado | fueras | hubieras *o* hubieses |
| éramos amados | habíamos sido amados | *o* fueses amado | sido amado |
| erais amados | habíais sido amados | fuera | hubiera *o* hubiese |
| eran amados | habían sido amados | *o* fuese amado | sido amado |
| | | fuéramos | hubiéramos *o* hubiésemos |
| | | *o* fuésemos amados | sido amados |
| | | fuerais | hubierais *o* hubieseis |
| | | *o* fueseis amados | sido amados |
| | | fueran | hubieran *o* hubiesen |
| | | *o* fuesen amados | sido amados |

| *Pret. Simple* | *Pret. Anterior* | *Futuro* | *Futuro Perfecto* |
|---|---|---|---|
| fui amado | hube sido amado | fuere amado | hubiere sido amado |
| fuiste amado | hubiste sido amado | fueres amado | hubieres sido amado |
| fue amado | hubo sido amado | fuere amado | hubiere sido amado |
| fuimos amados | hubimos sido amados | fuéremos amados | hubiéremos sido amados |
| fuisteis amados | hubisteis sido amados | fuereis amados | hubiereis sido amados |
| fueron amados | hubieron sido amados | fueren amados | hubieren sido amados |

| IMPERATIVO |
|---|

| *Futuro* | *Futuro Perfecto* |
|---|---|
| seré amado | habré sido amado |
| serás amado | habrás sido amado |
| será amado | habrá sido amado |
| seremos amados | habremos sido amados |
| seréis amados | habréis sido amados |
| serán amados | habrán sido amados |

| *Presente* |
|---|
| sé tú amado |
| sea él amado |
| seamos nosotros amados |
| sed vosotros amados |
| sean ellos amados |

| FORMAS NO PERSONALES |
|---|

| *Condicional* | *Condicional Perf.* |
|---|---|
| sería amado | habría sido amado |
| serías amado | habrías sido amado |
| sería amado | habría sido amado |
| seríamos amados | habríamos sido amados |
| seríais amados | habríais sido amados |
| serían amados | habrían sido amados |

| *Infinitivo* | *Infinit. Compuesto* |
|---|---|
| ser amado | haber sido amado |

| *Gerundio* | *Gerund. Compuesto* |
|---|---|
| siendo amado | habiendo sido amado |

| *Participio* |
|---|
| sido amado |

# Conjugación Pronominal

| INDICATIVO | | SUBJUNTIVO | |
|---|---|---|---|
| **Presente** | **Pret. Perfecto** | **Presente** | **Pret. Perfecto** |
| me lavo | me he lavado | me lave | me haya lavado |
| te lavas | te has lavado | te laves | te hayas lavado |
| se lava | se ha lavado | se lave | se haya lavado |
| nos lavamos | nos hemos lavado | nos lavemos | nos hayamos lavado |
| os laváis | os habéis lavado | os lavéis | os hayáis lavado |
| se lavan | se han lavado | se laven | se hayan lavado |
| **Pret. Imperf.** | **Pret. Pluscuamp.** | **Pret. Imperf.** | **Pret. Pluscuamp.** |
| me lavaba | me había lavado | me lavara | me hubiera o hubiese |
| te lavabas | te habías lavado | o lavase | lavado |
| se lavaba | se había lavado | te lavaras | te hubieras o hubieses |
| nos lavábamos | nos habíamos lavado | o lavases | lavado |
| os lavabais | os habíais lavado | se lavara | se hubiera o hubiese |
| se lavaban | se habían lavado | o lavase | lavado |
| | | nos laváramos | nos hubiéramos o hubiésemos |
| | | o lavásemos | lavado |
| | | os lavarais | os hubierais o hubieseis |
| | | o lavaseis | lavado |
| | | se lavaran | se hubieran o hubiesen |
| | | o lavasen | lavado |
| **Pret. Simple** | **Pret. Anterior** | **Futuro** | **Futuro Perfecto** |
| me lavé | me hube lavado | me lavare | me hubiere lavado |
| te lavaste | te hubiste lavado | te lavares | te hubieres lavado |
| se lavó | se hubo lavado | se lavare | se hubiere lavado |
| nos lavamos | nos hubimos lavado | nos laváremos | nos hubiéremos lavado |
| os lavasteis | os hubisteis lavado | os lavareis | os hubiereis lavado |
| se lavaron | se hubieron lavado | se lavaren | se hubieren lavado |

| IMPERATIVO |
|---|
| **Presente** |
| lávate tú |
| lávese él |
| lavémonos nosotros |
| lavaos vosotros |
| lávense ellos |

| **Futuro** | **Futuro Perfecto** |
|---|---|
| me lavaré | me habré lavado |
| te lavarás | te habrás lavado |
| se lavará | se habrá lavado |
| nos lavaremos | nos habremos lavado |
| os lavaréis | os habréis lavado |
| se lavarán | se habrán lavado |

| FORMAS NO PERSONALES | |
|---|---|
| **Infinitivo** | **Infinit. Compuesto** |
| lavarse | haberse lavado |
| **Gerundio** | **Gerund. Compuesto** |
| lavándose | habiéndose lavado |
| **Participio** | |
| lavado | |

| **Condicional** | **Condicional Perf.** |
|---|---|
| me lavaría | me habría lavado |
| te lavarías | te habrías lavado |
| se lavaría | se habría lavado |
| nos lavaríamos | nos habríamos lavado |
| os lavaríais | os habríais lavado |
| se lavarían | se habrían lavado |

# 1 HABER

| INDICATIVO | | SUBJUNTIVO | |
|---|---|---|---|
| *Presente* | *Pret. Perfecto* | *Presente* | *Pret. Perfecto* |
| he | he habido | haya | haya habido |
| has | has habido | hayas | hayas habido |
| ha * | ha habido | haya | haya habido |
| hemos | hemos habido | hayamos | hayamos habido |
| habéis | habéis habido | hayáis | hayáis habido |
| han | han habido | hayan | hayan habido |
| *Pret. Imperf.* | *Pret. Pluscuamp.* | *Pret. Imperf.* | *Pret. Pluscuamp.* |
| había | había habido | hubiera | hubiera *o* hubiese |
| habías | habías habido | *o* hubiese | habido |
| había | había habido | hubieras | hubieras *o* hubieses |
| habíamos | habíamos habido | *o* hubieses | habido |
| habíais | habíais habido | hubiera | hubiera *o* hubiese |
| habían | habían habido | *o* hubiese | habido |
| | | hubiéramos | hubiéramos *o* hubiésemos |
| | | *o* hubiésemos | habido |
| | | hubierais | hubierais *o* hubieseis |
| | | *o* hubieseis | habido |
| | | hubieran | hubieran *o* hubiesen |
| | | *o* hubiesen | habido |
| *Pret. Simple* | *Pret. Anterior* | *Futuro* | *Futuro Perfecto* |
| hube | hube habido | hubiere | hubiere habido |
| hubiste | hubiste habido | hubieres | hubieres habido |
| hubo | hubo habido | hubiere | hubiere habido |
| hubimos | hubimos habido | hubiéremos | hubiéremos habido |
| hubisteis | hubisteis habido | hubiereis | hubiereis habido |
| hubieron | hubieron habido | hubieren | hubieren habido |

| IMPERATIVO |
|---|
| *Presente* |
| he tú |
| haya él |
| hayamos nosotros |
| habed vosotros |
| hayan ellos |

| *Futuro* | *Futuro Perfecto* |
|---|---|
| habré | habré habido |
| habrás | habrás habido |
| habrá | habrá habido |
| habremos | habremos habido |
| habréis | habréis habido |
| habrán | habrán habido |

| FORMAS NO PERSONALES | |
|---|---|
| *Infinitivo* | *Infinit. Compuesto* |
| haber | haber habido |
| *Gerundio* | *Gerund. Compuesto* |
| habiendo | habiendo habido |
| *Participio* | |
| habido | |

| *Condicional* | *Condicional Perf.* |
|---|---|
| habría | habría habido |
| habrías | habrías habido |
| habría | habría habido |
| habríamos | habríamos habido |
| habríais | habríais habido |
| habrían | habrían habido |

* Impersonal: hay.

# 2 SER

| INDICATIVO | | SUBJUNTIVO | |
|---|---|---|---|
| **Presente** | **Pret. Perfecto** | **Presente** | **Pret. Perfecto** |
| soy | he sido | sea | haya sido |
| eres | has sido | seas | hayas sido |
| es | ha sido | sea | haya sido |
| somos | hemos sido | seamos | hayamos sido |
| sois | habéis sido | seáis | hayáis sido |
| son | han sido | sean | hayan sido |
| **Pret. Imperf.** | **Pret. Pluscuamp.** | **Pret. Imperf.** | **Pret. Pluscuamp.** |
| era | había sido | fuera | hubiera *o* hubiese |
| eras | habías sido | *o* fuese | sido |
| era | había sido | fueras | hubieras *o* hubieses |
| éramos | habíamos sido | *o* fueses | sido |
| erais | habíais sido | fuera | hubiera *o* hubiese |
| eran | habían sido | *o* fuese | sido |
| | | fuéramos | hubiéramos *o* hubiésemos |
| | | *o* fuésemos | sido |
| | | fuerais | hubierais *o* hubieseis |
| | | *o* fueseis | sido |
| | | fueran | hubieran *o* hubiesen |
| | | *o* fuesen | sido |
| **Pret. Simple** | **Pret. Anterior** | **Futuro** | **Futuro Perfecto** |
| fui | hube sido | fuere | hubiere sido |
| fuiste | hubiste sido | fueres | hubieres sido |
| fue | hubo sido | fuere | hubiere sido |
| fuimos | hubimos sido | fuéremos | hubiéremos sido |
| fuisteis | hubisteis sido | fuereis | hubiereis sido |
| fueron | hubieron sido | fueren | hubieren sido |

| IMPERATIVO |
|---|
| **Presente** |
| sé tú |
| sea él |
| seamos nosotros |
| sed vosotros |
| sean ellos |

| **Futuro** | **Futuro Perfecto** |
|---|---|
| seré | habré sido |
| serás | habrás sido |
| será | habrá sido |
| seremos | habremos sido |
| seréis | habréis sido |
| serán | habrán sido |

| FORMAS NO PERSONALES | |
|---|---|
| **Infinitivo** | **Infinit. Compuesto** |
| ser | haber sido |
| **Gerundio** | **Gerund. Compuesto** |
| siendo | habiendo sido |
| **Participio** | |
| sido | |

| **Condicional** | **Condicional Perf.** |
|---|---|
| sería | habría sido |
| serías | habrías sido |
| sería | habría sido |
| seríamos | habríamos sido |
| seríais | habríais sido |
| serían | habrían sido |

# 3 AMAR

| INDICATIVO | | SUBJUNTIVO | |
|---|---|---|---|
| *Presente* | *Pret. Perfecto* | *Presente* | *Pret. Perfecto* |
| amo | he amado | ame | haya amado |
| amas | has amado | ames | hayas amado |
| ama | ha amado | ame | haya amado |
| amamos | hemos amado | amemos | hayamos amado |
| amáis | habéis amado | améis | hayáis amado |
| aman | han amado | amen | hayan amado |
| *Pret. Imperf.* | *Pret. Pluscuamp.* | *Pret. Imperf.* | *Pret. Pluscuamp.* |
| amaba | había amado | amara | hubiera *o* hubiese |
| amabas | habías amado | *o* amase | amado |
| amaba | había amado | amaras | hubieras *o* hubieses |
| amábamos | habíamos amado | *o* amases | amado |
| amabais | habíais amado | amara | hubiera *o* hubiese |
| amaban | habían amado | *o* amase | amado |
| | | amáramos | hubiéramos *o* hubiésemos |
| | | *o* amásemos | amado |
| | | amarais | hubierais *o* hubieseis |
| | | *o* amaseis | amado |
| | | amaran | hubieran *o* hubiesen |
| | | *o* amasen | amado |
| *Pret. Simple* | *Pret. Anterior* | *Futuro* | *Futuro Perfecto* |
| amé | hube amado | amare | hubiere amado |
| amaste | hubiste amado | amares | hubieres amado |
| amó | hubo amado | amare | hubiere amado |
| amamos | hubimos amado | amáremos | hubiéremos amado |
| amasteis | hubisteis amado | amareis | hubiereis amado |
| amaron | hubieron amado | amaren | hubieren amado |

| IMPERATIVO |
|---|
| *Presente* |
| ama tú |
| ame él |
| amemos nosotros |
| amad vosotros |
| amen ellos |

| *Futuro* | *Futuro Perfecto* |
|---|---|
| amaré | habré amado |
| amarás | habrás amado |
| amará | habrá amado |
| amaremos | habremos amado |
| amaréis | habréis amado |
| amarán | habrán amado |

| FORMAS NO PERSONALES | |
|---|---|
| *Infinitivo* | *Infinit. Compuesto* |
| amar | haber amado |
| *Gerundio* | *Gerund. Compuesto* |
| amando | habiendo amado |
| *Participio* | |
| amado | |

| *Condicional* | *Condicional Perf.* |
|---|---|
| amaría | habría amado |
| amarías | habrías amado |
| amaría | habría amado |
| amaríamos | habríamos amado |
| amaríais | habríais amado |
| amarían | habrían amado |

## 4 BEBER

| INDICATIVO | | SUBJUNTIVO | |
|---|---|---|---|
| *Presente* | *Pret. Perfecto* | *Presente* | *Pret. Perfecto* |
| bebo | he bebido | beba | haya bebido |
| bebes | has bebido | bebas | hayas bebido |
| bebe | ha bebido | beba | haya bebido |
| bebemos | hemos bebido | bebamos | hayamos bebido |
| bebéis | habéis bebido | bebáis | hayáis bebido |
| beben | han bebido | beban | hayan bebido |
| *Pret. Imperf.* | *Pret. Pluscuamp.* | *Pret. Imperf.* | *Pret. Pluscuamp.* |
| bebía | había bebido | bebiera | hubiera *o* hubiese |
| bebías | habías bebido | *o* bebiese | bebido |
| bebía | había bebido | bebieras | hubieras *o* hubieses |
| bebíamos | habíamos bebido | *o* bebieses | bebido |
| bebíais | habíais bebido | bebiera | hubiera *o* hubiese |
| bebían | habían bebido | *o* bebiese | bebido |
| | | bebiéramos | hubiéramos *o* hubiésemos |
| | | *o* bebiésemos | bebido |
| | | bebierais | hubierais *o* hubieseis |
| | | *o* bebieseis | bebido |
| | | bebieran | hubieran *o* hubiesen |
| | | *o* bebiesen | bebido |
| *Pret. Simple* | *Pret. Anterior* | *Futuro* | *Futuro Perfecto* |
| bebí | hube bebido | bebiere | hubiere bebido |
| bebiste | hubiste bebido | bebieres | hubieres bebido |
| bebió | hubo bebido | bebiere | hubiere bebido |
| bebimos | hubimos bebido | bebiéremos | hubiéremos bebido |
| bebisteis | hubisteis bebido | bebiereis | hubiereis bebido |
| bebieron | hubieron bebido | bebieren | hubieren bebido |

| | | IMPERATIVO |
|---|---|---|
| *Futuro* | *Futuro Perfecto* | *Presente* |
| beberé | habré bebido | bebe tú |
| beberás | habrás bebido | beba él |
| beberá | habrá bebido | bebamos nosotros |
| beberemos | habremos bebido | bebed vosotros |
| beberéis | habréis bebido | beban ellos |
| beberán | habrán bebido | |

| | | FORMAS NO PERSONALES | |
|---|---|---|---|
| *Condicional* | *Condicional Perf.* | *Infinitivo* | *Infinit. Compuesto* |
| bebería | habría bebido | beber | haber bebido |
| beberías | habrías bebido | *Gerundio* | *Gerund. Compuesto* |
| bebería | habría bebido | bebiendo | habiendo bebido |
| beberíamos | habríamos bebido | *Participio* | |
| beberíais | habríais bebido | bebido | |
| beberían | habrían bebido | | |

# 5 VIVIR

| INDICATIVO | | SUBJUNTIVO | |
|---|---|---|---|
| **Presente** | **Pret. Perfecto** | **Presente** | **Pret. Perfecto** |
| vivo | he vivido | viva | haya vivido |
| vives | has vivido | vivas | hayas vivido |
| vive | ha vivido | viva | haya vivido |
| vivimos | hemos vivido | vivamos | hayamos vivido |
| vivís | habéis vivido | viváis | hayáis vivido |
| viven | han vivido | vivan | hayan vivido |
| **Pret. Imperf.** | **Pret. Pluscuamp.** | **Pret. Imperf.** | **Pret. Pluscuamp.** |
| vivía | había vivido | viviera | hubiera o hubiese |
| vivías | habías vivido | o viviese | vivido |
| vivía | había vivido | vivieras | hubieras o hubieses |
| vivíamos | habíamos vivido | o vivieses | vivido |
| vivíais | habíais vivido | viviera | hubiera o hubiese |
| vivían | habían vivido | o viviese | vivido |
| | | viviéramos | hubiéramos o hubiésemos |
| | | o viviésemos | vivido |
| | | vivierais | hubierais o hubieseis |
| | | o vivieseis | vivido |
| | | vivieran | hubieran o hubiesen |
| | | o viviesen | vivido |
| **Pret. Simple** | **Pret. Anterior** | **Futuro** | **Futuro Perfecto** |
| viví | hube vivido | viviere | hubiere vivido |
| viviste | hubiste vivido | vivieres | hubieres vivido |
| vivió | hubo vivido | viviere | hubiere vivido |
| vivimos | hubimos vivido | viviéremos | hubiéremos vivido |
| vivisteis | hubisteis vivido | viviereis | hubiereis vivido |
| vivieron | hubieron vivido | vivieren | hubieren vivido |

| IMPERATIVO |
|---|
| **Presente** |
| vive tú |
| viva él |
| vivamos nosotros |
| vivid vosotros |
| vivan ellos |

| **Futuro** | **Futuro Perfecto** |
|---|---|
| viviré | habré vivido |
| vivirás | habrás vivido |
| vivirá | habrá vivido |
| viviremos | habremos vivido |
| viviréis | habréis vivido |
| vivirán | habrán vivido |

| FORMAS NO PERSONALES | |
|---|---|
| **Infinitivo** | **Infinit. Compuesto** |
| vivir | haber vivido |
| **Gerundio** | **Gerund. Compuesto** |
| viviendo | habiendo vivido |
| **Participio** | |
| vivido | |

| **Condicional** | **Condicional Perf.** |
|---|---|
| viviría | habría vivido |
| vivirías | habrías vivido |
| viviría | habría vivido |
| viviríamos | habríamos vivido |
| viviríais | habríais vivido |
| vivirían | habrían vivido |

# 6 SERVIR

| INDICATIVO | | SUBJUNTIVO | |
|---|---|---|---|
| **Presente** | **Pret. Perfecto** | **Presente** | **Pret. Perfecto** |
| sirvo | he servido | sirva | haya servido |
| sirves | has servido | sirvas | hayas servido |
| sirve | ha servido | sirva | haya servido |
| servimos | hemos servido | sirvamos | hayamos servido |
| servís | habéis servido | sirváis | hayáis servido |
| sirven | han servido | sirvan | hayan servido |
| **Pret. Imperf.** | **Pret. Pluscuamp.** | **Pret. Imperf.** | **Pret. Pluscuamp.** |
| servía | había servido | sirviera | hubiera o hubiese |
| servías | habías servido | o sirviese | servido |
| servía | había servido | sirvieras | hubieras o hubieses |
| servíamos | habíamos servido | o sirvieses | servido |
| servíais | habíais servido | sirviera | hubiera o hubiese |
| servían | habían servido | o sirviese | servido |
| | | sirviéramos | hubiéramos o hubiésemos |
| | | o sirviésemos | servido |
| | | sirvierais | hubierais o hubieseis |
| | | o sirvieseis | servido |
| | | sirvieran | hubieran o hubiesen |
| | | o sirviesen | servido |
| **Pret. Simple** | **Pret. Anterior** | **Futuro** | **Futuro Perfecto** |
| serví | hube servido | sirviere | hubiere servido |
| serviste | hubiste servido | sirvieres | hubieres servido |
| sirvió | hubo servido | sirviere | hubiere servido |
| servimos | hubimos servido | sirviéremos | hubiéremos servido |
| servisteis | hubisteis servido | sirviereis | hubiereis servido |
| sirvieron | hubieron servido | sirvieren | hubieren servido |

| | | IMPERATIVO |
|---|---|---|
| **Futuro** | **Futuro Perfecto** | **Presente** |
| serviré | habré servido | sirve tú |
| servirás | habrás servido | sirva él |
| servirá | habrá servido | sirvamos nosotros |
| serviremos | habremos servido | servid vosotros |
| serviréis | habréis servido | sirvan ellos |
| servirán | habrán servido | |

| | | FORMAS NO PERSONALES | |
|---|---|---|---|
| **Condicional** | **Condicional Perf.** | **Infinitivo** | **Infinit. Compuesto** |
| serviría | habría servido | servir | haber servido |
| servirías | habrías servido | **Gerundio** | **Gerund. Compuesto** |
| serviría | habría servido | sirviendo | habiendo servido |
| serviríamos | habríamos servido | **Participio** | |
| serviríais | habríais servido | servido | |
| servirían | habrían servido | | |

# 7 TAÑER

| INDICATIVO | | SUBJUNTIVO | |
|---|---|---|---|
| **Presente** | **Pret. Perfecto** | **Presente** | **Pret. Perfecto** |
| taño | he tañido | taña | haya tañido |
| tañes | has tañido | tañas | hayas tañido |
| tañe | ha tañido | taña | haya tañido |
| tañemos | hemos tañido | tañamos | hayamos tañido |
| tañéis | habéis tañido | tañáis | hayáis tañido |
| tañen | han tañido | tañan | hayan tañido |
| **Pret. Imperf.** | **Pret. Pluscuamp.** | **Pret. Imperf.** | **Pret. Pluscuamp.** |
| tañía | había tañido | tañera | hubiera o hubiese |
| tañías | habías tañido | o tañese | tañido |
| tañía | había tañido | tañeras | hubieras o hubieses |
| tañíamos | habíamos tañido | o tañeses | tañido |
| tañíais | habíais tañido | tañera | hubiera o hubiese |
| tañían | habían tañido | o tañese | tañido |
| | | tañéramos | hubiéramos o hubiésemos |
| | | o tañésemos | tañido |
| | | tañerais | hubierais o hubieseis |
| | | o tañeseis | tañido |
| | | tañeran | hubieran o hubiesen |
| | | o tañesen | tañido |
| **Pret. Simple** | **Pret. Anterior** | **Futuro** | **Futuro Perfecto** |
| tañí | hube tañido | tañere | hubiere tañido |
| tañiste | hubiste tañido | tañeres | hubieres tañido |
| tañó | hubo tañido | tañere | hubiere tañido |
| tañimos | hubimos tañido | tañéremos | hubiéremos tañido |
| tañisteis | hubisteis tañido | tañereis | hubiereis tañido |
| tañeron | hubieron tañido | tañeren | hubieren tañido |
| | | **IMPERATIVO** | |
| **Futuro** | **Futuro Perfecto** | **Presente** | |
| tañeré | habré tañido | tañe tú | |
| tañerás | habrás tañido | taña él | |
| tañerá | habrá tañido | tañamos nosotros | |
| tañeremos | habremos tañido | tañed vosotros | |
| tañeréis | habréis tañido | tañan ellos | |
| tañerán | habrán tañido | | |
| | | **FORMAS NO PERSONALES** | |
| **Condicional** | **Condicional Perf.** | **Infinitivo** | **Infinit. Compuesto** |
| tañería | habría tañido | tañer | haber tañido |
| tañerías | habrías tañido | **Gerundio** | **Gerund. Compuesto** |
| tañería | habría tañido | tañendo | habiendo tañido |
| tañeríamos | habríamos tañido | **Participio** | |
| tañeríais | habríais tañido | tañido | |
| tañerían | habrían tañido | | |

# 8 TEÑIR

| INDICATIVO | | SUBJUNTIVO | |
|---|---|---|---|
| **Presente** | **Pret. Perfecto** | **Presente** | **Pret. Perfecto** |
| tiño | he teñido | tiña | haya teñido |
| tiñes | has teñido | tiñas | hayas teñido |
| tiñe | ha teñido | tiña | haya teñido |
| teñimos | hemos teñido | tiñamos | hayamos teñido |
| teñís | habéis teñido | tiñáis | hayáis teñido |
| tiñen | han teñido | tiñan | hayan teñido |
| **Pret. Imperf.** | **Pret. Pluscuamp.** | **Pret. Imperf.** | **Pret. Pluscuamp.** |
| teñía | había teñido | tiñera | hubiera *o* hubiese |
| teñías | habías teñido | *o* tiñese | teñido |
| teñía | había teñido | tiñeras | hubieras *o* hubieses |
| teñíamos | habíamos teñido | *o* tiñeses | teñido |
| teñíais | habíais teñido | tiñera | hubiera *o* hubiese |
| teñían | habían teñido | *o* tiñese | teñido |
| | | tiñéramos | hubiéramos *o* hubiésemos |
| | | *o* tiñésemos | teñido |
| | | tiñerais | hubierais *o* hubieseis |
| | | *o* tiñeseis | teñido |
| | | tiñeran | hubieran *o* hubiesen |
| | | *o* tiñesen | teñido |
| **Pret. Simple** | **Pret. Anterior** | **Futuro** | **Futuro Perfecto** |
| teñí | hube teñido | tiñere | hubiere teñido |
| teñiste | hubiste teñido | tiñeres | hubieres teñido |
| tiñó | hubo teñido | tiñere | hubiere teñido |
| teñimos | hubimos teñido | tiñéremos | hubiéremos teñido |
| teñisteis | hubisteis teñido | tiñereis | hubiereis teñido |
| tiñeron | hubieron teñido | tiñeren | hubieren teñido |

| IMPERATIVO |
|---|

| **Futuro** | **Futuro Perfecto** | **Presente** |
|---|---|---|
| teñiré | habré teñido | tiñe tú |
| teñirás | habrás teñido | tiña él |
| teñirá | habrá teñido | tiñamos nosotros |
| teñiremos | habremos teñido | teñid vosotros |
| teñiréis | habréis teñido | tiñan ellos |
| teñirán | habrán teñido | |

| FORMAS NO PERSONALES | | |
|---|---|---|
| **Condicional** | **Condicional Perf.** | **Infinitivo** | **Infinit. Compuesto** |
| teñiría | habría teñido | teñir | haber teñido |
| teñirías | habrías teñido | **Gerundio** | **Gerund. Compuesto** |
| teñiría | habría teñido | tiñendo | habiendo teñido |
| teñiríamos | habríamos teñido | **Participio** | |
| teñiríais | habríais teñido | teñido | |
| teñirían | habrían teñido | | |

# 9 REIR

| INDICATIVO | | SUBJUNTIVO | |
|---|---|---|---|
| *Presente* | *Pret. Perfecto* | *Presente* | *Pret. Perfecto* |
| río | he reído | ría | haya reído |
| ríes | has reído | rías | hayas reído |
| ríe | ha reído | ría | haya reído |
| reímos | hemos reído | riamos | hayamos reído |
| reís | habéis reído | riáis | hayáis reído |
| ríen | han reído | rían | hayan reído |
| *Pret. Imperf.* | *Pret. Pluscuamp.* | *Pret. Imperf.* | *Pret. Pluscuamp.* |
| reía | había reído | riera | hubiera *o* hubiese |
| reías | habías reído | *o* riese | reído |
| reía | había reído | rieras | hubieras *o* hubieses |
| reíamos | habíamos reído | *o* rieses | reído |
| reíais | habíais reído | riera | hubiera *o* hubiese |
| reían | habían reído | *o* riese | reído |
| | | riéramos | hubiéramos *o* hubiésemos |
| | | *o* riésemos | reído |
| | | rierais | hubierais *o* hubieseis |
| | | *o* rieseis | reído |
| | | rieran | hubieran *o* hubiesen |
| | | *o* riesen | reído |
| *Pret. Simple* | *Pret. Anterior* | *Futuro* | *Futuro Perfecto* |
| reí | hube reído | riere | hubiere reído |
| reíste | hubiste reído | rieres | hubieres reído |
| rió | hubo reído | riere | hubiere reído |
| reímos | hubimos reído | riéremos | hubiéremos reído |
| reísteis | hubisteis reído | riereis | hubiereis reído |
| rieron | hubieron reído | rieren | hubieren reído |

| | | IMPERATIVO |
|---|---|---|

| *Futuro* | *Futuro Perfecto* | *Presente* |
|---|---|---|
| reiré | habré reído | ríe tú |
| reirás | habrás reído | ría él |
| reirá | habrá reído | riamos nosotros |
| reiremos | habremos reído | reíd vosotros |
| reiréis | habréis reído | rían ellos |
| reirán | habrán reído | |

| | | FORMAS NO PERSONALES |
|---|---|---|

| *Condicional* | *Condicional Perf.* | *Infinitivo* | *Infinit. Compuesto* |
|---|---|---|---|
| reiría | habría reído | reir | haber reído |
| reirías | habrías reído | *Gerundio* | *Gerund. Compuesto* |
| reiría | habría reído | riendo | habiendo reído |
| reiríamos | habríamos reído | *Participio* | |
| reiríais | habríais reído | reído | |
| reirían | habrían reído | | |

# 10 GOBERNAR

| INDICATIVO | | SUBJUNTIVO | |
|---|---|---|---|
| **Presente** | **Pret. Perfecto** | **Presente** | **Pret. Perfecto** |
| gobierno | he gobernado | gobierne | haya gobernado |
| gobiernas | has gobernado | gobiernes | hayas gobernado |
| gobierna | ha gobernado | gobierne | haya gobernado |
| gobernamos | hemos gobernado | gobernemos | hayamos gobernado |
| gobernáis | habéis gobernado | gobernéis | hayáis gobernado |
| gobiernan | han gobernado | gobiernen | hayan gobernado |
| **Pret. Imperf.** | **Pret. Pluscuamp.** | **Pret. Imperf.** | **Pret. Pluscuamp.** |
| gobernaba | había gobernado | gobernara | hubiera o hubiese |
| gobernabas | habías gobernado | o gobernase | gobernado |
| gobernaba | había gobernado | gobernaras | hubieras o hubieses |
| gobernábamos | habíamos gobernado | o gobernases | gobernado |
| gobernabais | habíais gobernado | gobernara | hubiera o hubiese |
| gobernaban | habían gobernado | o gobernase | gobernado |
| | | gobernáramos | hubiéramos o hubiésemos |
| | | o gobernásemos | gobernado |
| | | gobernarais | hubierais o hubieseis |
| | | o gobernaseis | gobernado |
| | | gobernaran | hubieran o hubiesen |
| | | o gobernasen | gobernado |
| **Pret. Simple** | **Pret. Anterior** | **Futuro** | **Futuro Perfecto** |
| goberné | hube gobernado | gobernare | hubiere gobernado |
| gobernaste | hubiste gobernado | gobernares | hubieres gobernado |
| gobernó | hubo gobernado | gobernare | hubiere gobernado |
| gobernamos | hubimos gobernado | gobernáremos | hubiéremos gobernado |
| gobernasteis | hubisteis gobernado | gobernareis | hubiereis gobernado |
| gobernaron | hubieron gobernado | gobernaren | hubieren gobernado |

| IMPERATIVO |
|---|
| **Presente** |
| gobierna tú |
| gobierne él |
| gobernemos nosotros |
| gobernad vosotros |
| gobiernen ellos |

| **Futuro** | **Futuro Perfecto** |
|---|---|
| gobernaré | habré gobernado |
| gobernarás | habrás gobernado |
| gobernará | habrá gobernado |
| gobernaremos | habremos gobernado |
| gobernaréis | habréis gobernado |
| gobernarán | habrán gobernado |

| FORMAS NO PERSONALES | |
|---|---|
| **Infinitivo** | **Infinit. Compuesto** |
| gobernar | haber gobernado |
| **Gerundio** | **Gerund. Compuesto** |
| gobernando | habiendo gobernado |
| **Participio** | |
| gobernado | |

| **Condicional** | **Condicional Perf.** |
|---|---|
| gobernaría | habría gobernado |
| gobernarías | habrías gobernado |
| gobernaría | habría gobernado |
| gobernaríamos | habríamos gobernado |
| gobernaríais | habríais gobernado |
| gobernarían | habrían gobernado |

# 11 ERRAR

| INDICATIVO | | SUBJUNTIVO | |
|---|---|---|---|
| *Presente* | *Pret. Perfecto* | *Presente* | *Pret. Perfecto* |
| yerro | he errado | yerre | haya errado |
| yerras | has errado | yerres | hayas errado |
| yerra | ha errado | yerre | haya errado |
| erramos | hemos errado | erremos | hayamos errado |
| erráis | habéis errado | erréis | hayáis errado |
| yerran | han errado | yerren | hayan errado |
| *Pret. Imperf.* | *Pret. Pluscuamp.* | *Pret. Imperf.* | *Pret. Pluscuamp.* |
| erraba | había errado | errara | hubiera *o* hubiese |
| errabas | habías errado | *o* errase | errado |
| erraba | había errado | erraras | hubieras *o* hubieses |
| errábamos | habíamos errado | *o* errases | errado |
| errabais | habíais errado | errara | hubiera *o* hubiese |
| erraban | habían errado | *o* errase | errado |
| | | erráramos | hubiéramos *o* hubiésemos |
| | | *o* errásemos | errado |
| | | errarais | hubierais *o* hubieseis |
| | | *o* erraseis | errado |
| | | erraran | hubieran *o* hubiesen |
| | | *o* errasen | errado |
| *Pret. Simple* | *Pret. Anterior* | *Futuro* | *Futuro Perfecto* |
| erré | hube errado | errare | hubiere errado |
| erraste | hubiste errado | errares | hubieres errado |
| erró | hubo errado | errare | hubiere errado |
| erramos | hubimos errado | erráremos | hubiéremos errado |
| errasteis | hubisteis errado | errareis | hubiereis errado |
| erraron | hubieron errado | erraren | hubieren errado |

| | | IMPERATIVO |
|---|---|---|
| *Futuro* | *Futuro Perfecto* | *Presente* |
| erraré | habré errado | yerra tú |
| errarás | habrás errado | yerre él |
| errará | habrá errado | erremos nosotros |
| erraremos | habremos errado | errad vosotros |
| erraréis | habréis errado | yerren ellos |
| errarán | habrán errado | |

| | | FORMAS NO PERSONALES | |
|---|---|---|---|
| *Condicional* | *Condicional Perf.* | *Infinitivo* | *Infinit. Compuesto* |
| erraría | habría errado | errar | haber errado |
| errarías | habrías errado | *Gerundio* | *Gerund. Compuesto* |
| erraría | habría errado | errando | habiendo errado |
| erraríamos | habríamos errado | *Participio* | |
| erraríais | habríais errado | errado | |
| errarían | habrían errado | | |

# 12 PERDER

| INDICATIVO | | SUBJUNTIVO | |
|---|---|---|---|
| *Presente* | *Pret. Perfecto* | *Presente* | *Pret. Perfecto* |
| pierdo | he perdido | pierda | haya perdido |
| pierdes | has perdido | pierdas | hayas perdido |
| pierde | ha perdido | pierda | haya perdido |
| perdemos | hemos perdido | perdamos | hayamos perdido |
| perdéis | habéis perdido | perdáis | hayáis perdido |
| pierden | han perdido | pierdan | hayan perdido |
| *Pret. Imperf.* | *Pret. Pluscuamp.* | *Pret. Imperf.* | *Pret. Pluscuamp.* |
| perdía | había perdido | perdiera | hubiera *o* hubiese |
| perdías | habías perdido | *o* perdiese | perdido |
| perdía | había perdido | perdieras | hubieras *o* hubieses |
| perdíamos | habíamos perdido | *o* perdieses | perdido |
| perdíais | habíais perdido | perdiera | hubiera *o* hubiese |
| perdían | habían perdido | *o* perdiese | perdido |
| | | perdiéramos | hubiéramos *o* hubiésemos |
| | | *o* perdiésemos | perdido |
| | | perdierais | hubierais *o* hubieseis |
| | | *o* perdieseis | perdido |
| | | perdieran | hubieran *o* hubiesen |
| | | *o* perdiesen | perdido |
| *Pret. Simple* | *Pret. Anterior* | *Futuro* | *Futuro Perfecto* |
| perdí | hube perdido | perdiere | hubiere perdido |
| perdiste | hubiste perdido | perdieres | hubieres perdido |
| perdió | hubo perdido | perdiere | hubiere perdido |
| perdimos | hubimos perdido | perdiéremos | hubiéremos perdido |
| perdisteis | hubisteis perdido | perdiereis | hubiereis perdido |
| perdieron | hubieron perdido | perdieren | hubieren perdido |

| IMPERATIVO |
|---|
| *Presente* |
| pierde tú |
| pierda él |
| perdamos nosotros |
| perded vosotros |
| pierdan ellos |

| *Futuro* | *Futuro Perfecto* |
|---|---|
| perderé | habré perdido |
| perderás | habrás perdido |
| perderá | habrá perdido |
| perderemos | habremos perdido |
| perderéis | habréis perdido |
| perderán | habrán perdido |

| FORMAS NO PERSONALES | |
|---|---|
| *Infinitivo* | *Infinit. Compuesto* |
| perder | haber perdido |
| *Gerundio* | *Gerund. Compuesto* |
| perdiendo | habiendo perdido |
| *Participio* | |
| perdido | |

| *Condicional* | *Condicional Perf.* |
|---|---|
| perdería | habría perdido |
| perderías | habrías perdido |
| perdería | habría perdido |
| perderíamos | habríamos perdido |
| perderíais | habríais perdido |
| perderían | habrían perdido |

# 13 QUERER

| INDICATIVO | | SUBJUNTIVO | |
|---|---|---|---|
| *Presente* | *Pret. Perfecto* | *Presente* | *Pret. Perfecto* |
| quiero | he querido | quiera | haya querido |
| quieres | has querido | quieras | hayas querido |
| quiere | ha querido | quiera | haya querido |
| queremos | hemos querido | queramos | hayamos querido |
| queréis | habéis querido | queráis | hayáis querido |
| quieren | han querido | quieran | hayan querido |
| *Pret. Imperf.* | *Pret. Pluscuamp.* | *Pret. Imperf.* | *Pret. Pluscuamp.* |
| quería | había querido | quisiera | hubiera *o* hubiese |
| querías | habías querido | *o* quisiese | querido |
| quería | había querido | quisieras | hubieras *o* hubieses |
| queríamos | habíamos querido | *o* quisieses | querido |
| queríais | habíais querido | quisiera | hubiera *o* hubiese |
| querían | habían querido | *o* quisiese | querido |
| | | quisiéramos | hubiéramos *o* hubiésemos |
| | | *o* quisiésemos | querido |
| | | quisierais | hubierais *o* hubieseis |
| | | *o* quisieseis | querido |
| | | quisieran | hubieran *o* hubiesen |
| | | *o* quisiesen | querido |
| *Pret. Simple* | *Pret. Anterior* | *Futuro* | *Futuro Perfecto* |
| quise | hube querido | quisiere | hubiere querido |
| quisiste | hubiste querido | quisieres | hubieres querido |
| quiso | hubo querido | quisiere | hubiere querido |
| quisimos | hubimos querido | quisiéremos | hubiéremos querido |
| quisisteis | hubisteis querido | quisiereis | hubiereis querido |
| quisieron | hubieron querido | quisieren | hubieren querido |

| IMPERATIVO |
|---|
| *Presente* |
| quiere tú |
| quiera él |
| queramos nosotros |
| quered vosotros |
| quieran ellos |

| *Futuro* | *Futuro Perfecto* |
|---|---|
| querré | habré querido |
| querrás | habrás querido |
| querrá | habrá querido |
| querremos | habremos querido |
| querréis | habréis querido |
| querrán | habrán querido |

| FORMAS NO PERSONALES | |
|---|---|
| *Infinitivo* | *Infinit. Compuesto* |
| querer | haber querido |
| *Gerundio* | *Gerund. Compuesto* |
| queriendo | habiendo querido |
| *Participio* | |
| querido | |

| *Condicional* | *Condicional Perf.* |
|---|---|
| querría | habría querido |
| querrías | habrías querido |
| querría | habría querido |
| querríamos | habríamos querido |
| querríais | habríais querido |
| querrían | habrían querido |

# 14 TENER

| INDICATIVO | | SUBJUNTIVO | |
|---|---|---|---|
| *Presente* | *Pret. Perfecto* | *Presente* | *Pret. Perfecto* |
| tengo | he tenido | tenga | haya tenido |
| tienes | has tenido | tengas | hayas tenido |
| tiene | ha tenido | tenga | haya tenido |
| tenemos | hemos tenido | tengamos | hayamos tenido |
| tenéis | habéis tenido | tengáis | hayáis tenido |
| tienen | han tenido | tengan | hayan tenido |
| *Pret. Imperf.* | *Pret. Pluscuamp.* | *Pret. Imperf.* | *Pret. Pluscuamp.* |
| tenía | había tenido | tuviera | hubiera *o* hubiese |
| tenías | habías tenido | *o* tuviese | tenido |
| tenía | había tenido | tuvieras | hubieras *o* hubieses |
| teníamos | habíamos tenido | *o* tuvieses | tenido |
| teníais | habíais tenido | tuviera | hubiera *o* hubiese |
| tenían | habían tenido | *o* tuviese | tenido |
| | | tuviéramos | hubiéramos *o* hubiésemos |
| | | *o* tuviésemos | tenido |
| | | tuvierais | hubierais *o* hubieseis |
| | | *o* tuvieseis | tenido |
| | | tuvieran | hubieran *o* hubiesen |
| | | *o* tuviesen | tenido |
| *Pret. Simple* | *Pret. Anterior* | *Futuro* | *Futuro Perfecto* |
| tuve | hube tenido | tuviere | hubiere tenido |
| tuviste | hubiste tenido | tuvieres | hubieres tenido |
| tuvo | hubo tenido | tuviere | hubiere tenido |
| tuvimos | hubimos tenido | tuviéremos | hubiéremos tenido |
| tuvisteis | hubisteis tenido | tuviereis | hubiereis tenido |
| tuvieron | hubieron tenido | tuvieren | hubieren tenido |

| IMPERATIVO |
|---|

| *Futuro* | *Futuro Perfecto* | *Presente* |
|---|---|---|
| tendré | habré tenido | ten tú |
| tendrás | habrás tenido | tenga él |
| tendrá | habrá tenido | tengamos nosotros |
| tendremos | habremos tenido | tened vosotros |
| tendréis | habréis tenido | tengan ellos |
| tendrán | habrán tenido | |

| FORMAS NO PERSONALES | |
|---|---|

| *Condicional* | *Condicional Perf.* | *Infinitivo* | *Infinit. Compuesto* |
|---|---|---|---|
| tendría | habría tenido | tener | haber tenido |
| tendrías | habrías tenido | *Gerundio* | *Gerund. Compuesto* |
| tendría | habría tenido | teniendo | habiendo tenido |
| tendríamos | habríamos tenido | | |
| tendríais | habríais tenido | *Participio* | |
| tendrían | habrían tenido | tenido | |

# 15 PONER

| INDICATIVO | | SUBJUNTIVO | |
|---|---|---|---|

| *Presente* | *Pret. Perfecto* | *Presente* | *Pret. Perfecto* |
|---|---|---|---|
| pongo | he puesto | ponga | haya puesto |
| pones | has puesto | pongas | hayas puesto |
| pone | ha puesto | ponga | haya puesto |
| ponemos | hemos puesto | pongamos | hayamos puesto |
| ponéis | habéis puesto | pongáis | hayáis puesto |
| ponen | han puesto | pongan | hayan puesto |

| *Pret. Imperf.* | *Pret. Pluscuamp.* | *Pret. Imperf.* | *Pret. Pluscuamp.* |
|---|---|---|---|
| ponía | había puesto | pusiera | hubiera *o* hubiese |
| ponías | habías puesto | *o* pusiese | puesto |
| ponía | había puesto | pusieras | hubieras *o* hubieses |
| poníamos | habíamos puesto | *o* pusieses | puesto |
| poníais | habíais puesto | pusiera | hubiera *o* hubiese |
| ponían | habían puesto | *o* pusiese | puesto |
| | | pusiéramos | hubiéramos *o* hubiésemos |
| | | *o* pusiésemos | puesto |
| | | pusierais | hubierais *o* hubieseis |
| | | *o* pusieseis | puesto |
| | | pusieran | hubieran *o* hubiesen |
| | | *o* pusiesen | puesto |

| *Pret. Simple* | *Pret. Anterior* | *Futuro* | *Futuro Perfecto* |
|---|---|---|---|
| puse | hube puesto | pusiere | hubiere puesto |
| pusiste | hubiste puesto | pusieres | hubieres puesto |
| puso | hubo puesto | pusiere | hubiere puesto |
| pusimos | hubimos puesto | pusiéremos | hubiéremos puesto |
| pusisteis | hubisteis puesto | pusiereis | hubiereis puesto |
| pusieron | hubieron puesto | pusieren | hubieren puesto |

| IMPERATIVO |
|---|

| *Futuro* | *Futuro Perfecto* | *Presente* |
|---|---|---|
| pondré | habré puesto | pon tú |
| pondrás | habrás puesto | ponga él |
| pondrá | habrá puesto | pongamos nosotros |
| pondremos | habremos puesto | poned vosotros |
| pondréis | habréis puesto | pongan ellos |
| pondrán | habrán puesto | |

| FORMAS NO PERSONALES | |
|---|---|

| *Condicional* | *Condicional Perf.* | *Infinitivo* | *Infinit. Compuesto* |
|---|---|---|---|
| pondría | habría puesto | poner | haber puesto |
| pondrías | habrías puesto | *Gerundio* | *Gerund. Compuesto* |
| pondría | habría puesto | poniendo | habiendo puesto |
| pondríamos | habríamos puesto | *Participio* | |
| pondríais | habríais puesto | puesto | |
| pondrían | habrían puesto | | |

# 16 DISCERNIR

| INDICATIVO | | SUBJUNTIVO | |
|---|---|---|---|
| **Presente** | **Pret. Perfecto** | **Presente** | **Pret. Perfecto** |
| discierno | he discernido | discierna | haya discernido |
| disciernes | has discernido | disciernas | hayas discernido |
| discierne | ha discernido | discierna | haya discernido |
| discernimos | hemos discernido | discernamos | hayamos discernido |
| discernís | habéis discernido | discernáis | hayáis discernido |
| disciernen | han discernido | disciernan | hayan discernido |
| **Pret. Imperf.** | **Pret. Pluscuamp.** | **Pret. Imperf.** | **Pret. Pluscuamp.** |
| discernía | había discernido | discerniera | hubiera o hubiese |
| discernías | habías discernido | o discerniese | discernido |
| discernía | había discernido | discernieras | hubieras o hubieses |
| discerníamos | habíamos discernido | o discernieses | discernido |
| discerníais | habíais discernido | discerniera | hubiera o hubiese |
| discernían | habían discernido | o discerniese | discernido |
| | | discerniéramos | hubiéramos o hubiésemos |
| | | o discerniésemos | discernido |
| | | discernierais | hubierais o hubieseis |
| | | o discernieseis | discernido |
| | | discernieran | hubieran o hubiesen |
| | | o discerniesen | discernido |
| **Pret. Simple** | **Pret. Anterior** | **Futuro** | **Futuro Perfecto** |
| discerní | hube discernido | discerniere | hubiere discernido |
| discerniste | hubiste discernido | discernieres | hubieres discernido |
| discernió | hubo discernido | discerniere | hubiere discernido |
| discernimos | hubimos discernido | discerniéremos | hubiéremos discernido |
| discernisteis | hubisteis discernido | discerniereis | hubiereis discernido |
| discernieron | hubieron discernido | discernieren | hubieren discernido |

| IMPERATIVO |
|---|
| **Presente** |

| **Futuro** | **Futuro Perfecto** | **Presente** |
|---|---|---|
| discerniré | habré discernido | discierne tú |
| discernirás | habrás discernido | discierna él |
| discernirá | habrá discernido | discernamos nosotros |
| discerniremos | habremos discernido | discernid vosotros |
| discerniréis | habréis discernido | disciernan ellos |
| discernirán | habrán discernido | |

| FORMAS NO PERSONALES | |
|---|---|
| **Infinitivo** | **Infinit. Compuesto** |
| discernir | haber discernido |

| **Condicional** | **Condicional Perf.** | **Infinitivo** | **Infinit. Compuesto** |
|---|---|---|---|
| discerniría | habría discernido | discernir | haber discernido |
| discernirías | habrías discernido | **Gerundio** | **Gerund. Compuesto** |
| discerniría | habría discernido | discerniendo | habiendo discernido |
| discerniríamos | habríamos discernido | | |
| discerniríais | habríais discernido | **Participio** | |
| discernirían | habrían discernido | discernido | |

# 17 VENIR

| INDICATIVO | | SUBJUNTIVO | |
|---|---|---|---|
| **Presente** | **Pret. Perfecto** | **Presente** | **Pret. Perfecto** |
| vengo | he venido | venga | haya venido |
| vienes | has venido | vengas | hayas venido |
| viene | ha venido | venga | haya venido |
| venimos | hemos venido | vengamos | hayamos venido |
| venís | habéis venido | vengáis | hayáis venido |
| vienen | han venido | vengan | hayan venido |
| **Pret. Imperf.** | **Pret. Pluscuamp.** | **Pret. Imperf.** | **Pret. Pluscuamp.** |
| venía | había venido | viniera | hubiera o hubiese |
| venías | habías venido | o viniese | venido |
| venía | había venido | vinieras | hubieras o hubieses |
| veníamos | habíamos venido | o vinieses | venido |
| veníais | habíais venido | viniera | hubiera o hubiese |
| venían | habían venido | o viniese | venido |
| | | viniéramos | hubiéramos o hubiésemos |
| | | o viniésemos | venido |
| | | vinierais | hubierais o hubieseis |
| | | o vinieseis | venido |
| | | vinieran | hubieran o hubiesen |
| | | o viniesen | venido |
| **Pret. Simple** | **Pret. Anterior** | **Futuro** | **Futuro Perfecto** |
| vine | hube venido | viniere | hubiere venido |
| viniste | hubiste venido | vinieres | hubieres venido |
| vino | hubo venido | viniere | hubiere venido |
| vinimos | hubimos venido | viniéremos | hubiéremos venido |
| vinisteis | hubisteis venido | viniereis | hubiereis venido |
| vinieron | hubieron venido | vinieren | hubieren venido |

| IMPERATIVO |
|---|
| **Presente** |
| ven tú |
| venga él |
| vengamos nosotros |
| venid vosotros |
| vengan ellos |

| **Futuro** | **Futuro Perfecto** |
|---|---|
| vendré | habré venido |
| vendrás | habrás venido |
| vendrá | habrá venido |
| vendremos | habremos venido |
| vendréis | habréis venido |
| vendrán | habrán venido |

| FORMAS NO PERSONALES | |
|---|---|
| **Infinitivo** | **Infinit. Compuesto** |
| venir | haber venido |
| **Gerundio** | **Gerund. Compuesto** |
| viniendo | habiendo venido |
| **Participio** | |
| venido | |

| **Condicional** | **Condicional Perf.** |
|---|---|
| vendría | habría venido |
| vendrías | habrías venido |
| vendría | habría venido |
| vendríamos | habríamos venido |
| vendríais | habríais venido |
| vendrían | habrían venido |

| INDICATIVO | | SUBJUNTIVO | |
|---|---|---|---|
| **Presente** | **Pret. Perfecto** | **Presente** | **Pret. Perfecto** |
| cuento | he contado | cuente | haya contado |
| cuentas | has contado | cuentes | hayas contado |
| cuenta | ha contado | cuente | haya contado |
| contamos | hemos contado | contemos | hayamos contado |
| contáis | habéis contado | contéis | hayáis contado |
| cuentan | han contado | cuenten | hayan contado |
| **Pret. Imperf.** | **Pret. Pluscuamp.** | **Pret. Imperf.** | **Pret. Pluscuamp.** |
| contaba | había contado | contara | hubiera _o_ hubiese |
| contabas | habías contado | _o_ contase | contado |
| contaba | había contado | contaras | hubieras _o_ hubieses |
| contábamos | habíamos contado | _o_ contases | contado |
| contabais | habíais contado | contara | hubiera _o_ hubiese |
| contaban | habían contado | _o_ contase | contado |
| | | contáramos | hubiéramos _o_ hubiésemos |
| | | _o_ contásemos | contado |
| | | contarais | hubierais _o_ hubieseis |
| | | _o_ contaseis | contado |
| | | contaran | hubieran _o_ hubiesen |
| | | _o_ contasen | contado |
| **Pret. Simple** | **Pret. Anterior** | **Futuro** | **Futuro Perfecto** |
| conté | hube contado | contare | hubiere contado |
| contaste | hubiste contado | contares | hubieres contado |
| contó | hubo contado | contare | hubiere contado |
| contamos | hubimos contado | contáremos | hubiéremos contado |
| contasteis | hubisteis contado | contareis | hubiereis contado |
| contaron | hubieron contado | contaren | hubieren contado |

| IMPERATIVO |
|---|
| **Presente** |
| cuenta tú |
| cuente él |
| contemos nosotros |
| contad vosotros |
| cuenten ellos |

| **Futuro** | **Futuro Perfecto** |
|---|---|
| contaré | habré contado |
| contarás | habrás contado |
| contará | habrá contado |
| contaremos | habremos contado |
| contaréis | habréis contado |
| contarán | habrán contado |

| FORMAS NO PERSONALES | |
|---|---|
| **Infinitivo** | **Infinit. Compuesto** |
| contar | haber contado |
| **Gerundio** | **Gerund. Compuesto** |
| contando | habiendo contado |
| **Participio** | |
| contado | |

| **Condicional** | **Condicional Perf.** |
|---|---|
| contaría | habría contado |
| contarías | habrías contado |
| contaría | habría contado |
| contaríamos | habríamos contado |
| contaríais | habríais contado |
| contarían | habrían contado |

# 19 DESOSAR

| INDICATIVO | | SUBJUNTIVO | |
|---|---|---|---|
| *Presente* | *Pret. Perfecto* | *Presente* | *Pret. Perfecto* |
| deshueso | he desosado | deshuese | haya desosado |
| deshuesas | has desosado | deshueses | hayas desosado |
| deshuesa | ha desosado | deshuese | haya desosado |
| desosamos | hemos desosado | desosemos | hayamos desosado |
| desosáis | habéis desosado | desoséis | hayáis desosado |
| deshuesan | han desosado | deshuesen | hayan desosado |
| *Pret. Imperf.* | *Pret. Pluscuamp.* | *Pret. Imperf.* | *Pret. Pluscuamp.* |
| desosaba | había desosado | desosara | hubiera *o* hubiese |
| desosabas | habías desosado | *o* desosase | desosado |
| desosaba | había desosado | desosaras | hubieras *o* hubieses |
| desosábamos | habíamos desosado | *o* desosases | desosado |
| desosabais | habíais desosado | desosara | hubiera *o* hubiese |
| desosaban | habían desosado | *o* desosase | desosado |
| | | desosáramos | hubiéramos *o* hubiésemos |
| | | *o* desosásemos | desosado |
| | | desosarais | hubierais *o* hubieseis |
| | | *o* desosaseis | desosado |
| | | desosaran | hubieran *o* hubiesen |
| | | *o* desosasen | desosado |
| *Pret. Simple* | *Pret. Anterior* | *Futuro* | *Futuro Perfecto* |
| desosé | hube desosado | desosare | hubiere desosado |
| desosaste | hubiste desosado | desosares | hubieres desosado |
| desosó | hubo desosado | desosare | hubiere desosado |
| desosamos | hubimos desosado | desosáremos | hubiéremos desosado |
| desosasteis | hubisteis desosado | desosareis | hubiereis desosado |
| desosaron | hubieron desosado | desosaren | hubieren desosado |

| | | IMPERATIVO |
|---|---|---|
| *Futuro* | *Futuro Perfecto* | *Presente* |
| desosaré | habré desosado | deshuesa tú |
| desosarás | habrás desosado | deshuese él |
| desosará | habrá desosado | desosemos nosotros |
| desosaremos | habremos desosado | desosad vosotros |
| desosaréis | habréis desosado | deshuesen ellos |
| desosarán | habrán desosado | |

| | | FORMAS NO PERSONALES | |
|---|---|---|---|
| *Condicional* | *Condicional Perf.* | *Infinitivo* | *Infinit. Compuesto* |
| desosaría | habría desosado | desosar | haber desosado |
| desosarías | habrías desosado | *Gerundio* | *Gerund. Compuesto* |
| desosaría | habría desosado | desosando | habiendo desosado |
| desosaríamos | habríamos desosado | | |
| desosaríais | habríais desosado | *Participio* | |
| desosarían | habrían desosado | desosado | |

# 20 MOLER

| INDICATIVO | | SUBJUNTIVO | |
|---|---|---|---|
| *Presente* | *Pret. Perfecto* | *Presente* | *Pret. Perfecto* |
| muelo | he molido | muela | haya molido |
| mueles | has molido | muelas | hayas molido |
| muele | ha molido | muela | haya molido |
| molemos | hemos molido | molamos | hayamos molido |
| moléis | habéis molido | moláis | hayáis molido |
| muelen | han molido | muelan | hayan molido |
| *Pret. Imperf.* | *Pret. Pluscuamp.* | *Pret. Imperf.* | *Pret. Pluscuamp.* |
| molía | había molido | moliera | hubiera *o* hubiese |
| molías | habías molido | *o* moliese | molido |
| molía | había molido | molieras | hubieras *o* hubieses |
| molíamos | habíamos molido | *o* molieses | molido |
| molíais | habíais molido | moliera | hubiera *o* hubiese |
| molían | habían molido | *o* moliese | molido |
| | | moliéramos | hubiéramos *o* hubiésemos |
| | | *o* moliésemos | molido |
| | | molierais | hubierais *o* hubieseis |
| | | *o* molieseis | molido |
| | | molieran | hubieran *o* hubiesen |
| | | *o* moliesen | molido |
| *Pret. Simple* | *Pret. Anterior* | *Futuro* | *Futuro Perfecto* |
| molí | hube molido | moliere | hubiere molido |
| moliste | hubiste molido | molieres | hubieres molido |
| molió | hubo molido | moliere | hubiere molido |
| molimos | hubimos molido | moliéremos | hubiéremos molido |
| molisteis | hubisteis molido | moliereis | hubiereis molido |
| molieron | hubieron molido | molieren | hubieren molido |

| IMPERATIVO |
|---|
| *Presente* |
| muele tú |
| muela él |
| molamos nosotros |
| moled vosotros |
| muelan ellos |

| *Futuro* | *Futuro Perfecto* |
|---|---|
| moleré | habré molido |
| molerás | habrás molido |
| molerá | habrá molido |
| moleremos | habremos molido |
| moleréis | habréis molido |
| molerán | habrán molido |

| FORMAS NO PERSONALES | |
|---|---|
| *Infinitivo* | *Infinit. Compuesto* |
| moler | haber molido |
| *Gerundio* | *Gerund. Compuesto* |
| moliendo | habiendo molido |
| *Participio* | |
| molido | |

| *Condicional* | *Condicional Perf.* |
|---|---|
| molería | habría molido |
| molerías | habrías molido |
| molería | habría molido |
| moleríamos | habríamos molido |
| moleríais | habríais molido |
| molerían | habrían molido |

# 21 COCER

| INDICATIVO | | SUBJUNTIVO | |
|---|---|---|---|
| **Presente** | **Pret. Perfecto** | **Presente** | **Pret. Perfecto** |
| cuezo | he cocido | cueza | haya cocido |
| cueces | has cocido | cuezas | hayas cocido |
| cuece | ha cocido | cueza | haya cocido |
| cocemos | hemos cocido | cozamos | hayamos cocido |
| cocéis | habéis cocido | cozáis | hayáis cocido |
| cuecen | han cocido | cuezan | hayan cocido |
| **Pret. Imperf.** | **Pret. Pluscuamp.** | **Pret. Imperf.** | **Pret. Pluscuamp.** |
| cocía | había cocido | cociera | hubiera o hubiese |
| cocías | habías cocido | o cociese | cocido |
| cocía | había cocido | cocieras | hubieras o hubieses |
| cocíamos | habíamos cocido | o cocieses | cocido |
| cocíais | habíais cocido | cociera | hubiera o hubiese |
| cocían | habían cocido | o cociese | cocido |
| | | cociéramos | hubiéramos o hubiésemos |
| | | o cociésemos | cocido |
| | | cocierais | hubierais o hubieseis |
| | | o cocieseis | cocido |
| | | cocieran | hubieran o hubiesen |
| | | o cociesen | cocido |
| **Pret. Simple** | **Pret. Anterior** | **Futuro** | **Futuro Perfecto** |
| cocí | hube cocido | cociere | hubiere cocido |
| cociste | hubiste cocido | cocieres | hubieres cocido |
| coció | hubo cocido | cociere | hubiere cocido |
| cocimos | hubimos cocido | cociéremos | hubiéremos cocido |
| cocisteis | hubisteis cocido | cociereis | hubiereis cocido |
| cocieron | hubieron cocido | cocieren | hubieren cocido |

| | | IMPERATIVO |
|---|---|---|
| **Futuro** | **Futuro Perfecto** | **Presente** |
| coceré | habré cocido | cuece tú |
| cocerás | habrás cocido | cueza él |
| cocerá | habrá cocido | cozamos nosotros |
| coceremos | habremos cocido | coced vosotros |
| coceréis | habréis cocido | cuezan ellos |
| cocerán | habrán cocido | |

| | | FORMAS NO PERSONALES | |
|---|---|---|---|
| **Condicional** | **Condicional Perf.** | **Infinitivo** | **Infinit. Compuesto** |
| cocería | habría cocido | cocer | haber cocido |
| cocerías | habrías cocido | **Gerundio** | **Gerund. Compuesto** |
| cocería | habría cocido | cociendo | habiendo cocido |
| coceríamos | habríamos cocido | | |
| coceríais | habríais cocido | **Participio** | |
| cocerían | habrían cocido | cocido | |

# 22 MOVER

| INDICATIVO | | SUBJUNTIVO | |
|---|---|---|---|
| **Presente** | **Pret. Perfecto** | **Presente** | **Pret. Perfecto** |
| muevo | he movido | mueva | haya movido |
| mueves | has movido | muevas | hayas movido |
| mueve | ha movido | mueva | haya movido |
| movemos | hemos movido | movamos | hayamos movido |
| movéis | habéis movido | mováis | hayáis movido |
| mueven | han movido | muevan | hayan movido |
| **Pret. Imperf.** | **Pret. Pluscuamp.** | **Pret. Imperf.** | **Pret. Pluscuamp.** |
| movía | había movido | moviera | hubiera o hubiese |
| movías | habías movido | o moviese | movido |
| movía | había movido | movieras | hubieras o hubieses |
| movíamos | habíamos movido | o movieses | movido |
| movíais | habíais movido | moviera | hubiera o hubiese |
| movían | habían movido | o moviese | movido |
| | | moviéramos | hubiéramos o hubiésemos |
| | | o moviésemos | movido |
| | | movierais | hubierais o hubieseis |
| | | o movieseis | movido |
| | | movieran | hubieran o hubiesen |
| | | o moviesen | movido |
| **Pret. Simple** | **Pret. Anterior** | **Futuro** | **Futuro Perfecto** |
| moví | hube movido | moviere | hubiere movido |
| moviste | hubiste movido | movieres | hubieres movido |
| movió | hubo movido | moviere | hubiere movido |
| movimos | hubimos movido | moviéremos | hubiéremos movido |
| movisteis | hubisteis movido | moviereis | hubiereis movido |
| movieron | hubieron movido | movieren | hubieren movido |

| | | IMPERATIVO |
|---|---|---|
| **Futuro** | **Futuro Perfecto** | **Presente** |
| moveré | habré movido | mueve tú |
| moverás | habrás movido | mueva él |
| moverá | habrá movido | movamos nosotros |
| moveremos | habremos movido | moved vosotros |
| moveréis | habréis movido | muevan ellos |
| moverán | habrán movido | |

| | | FORMAS NO PERSONALES | |
|---|---|---|---|
| **Condicional** | **Condicional Perf.** | **Infinitivo** | **Infinit. Compuesto** |
| movería | habría movido | mover | haber movido |
| moverías | habrías movido | **Gerundio** | **Gerund. Compuesto** |
| movería | habría movido | moviendo | habiendo movido |
| moveríamos | habríamos movido | | |
| moveríais | habríais movido | **Participio** | |
| moverían | habrían movido | movido | |

# 23 PODER

| INDICATIVO | | SUBJUNTIVO | |
|---|---|---|---|
| **Presente** | **Pret. Perfecto** | **Presente** | **Pret. Perfecto** |
| puedo | he podido | pueda | haya podido |
| puedes | has podido | puedas | hayas podido |
| puede | ha podido | pueda | haya podido |
| podemos | hemos podido | podamos | hayamos podido |
| podéis | habéis podido | podáis | hayáis podido |
| pueden | han podido | puedan | hayan podido |
| **Pret. Imperf.** | **Pret. Pluscuamp.** | **Pret. Imperf.** | **Pret. Pluscuamp.** |
| podía | había podido | pudiera | hubiera o hubiese |
| podías | habías podido | o pudiese | podido |
| podía | había podido | pudieras | hubieras o hubieses |
| podíamos | habíamos podido | o pudieses | podido |
| podíais | habíais podido | pudiera | hubiera o hubiese |
| podían | habían podido | o pudiese | podido |
| | | pudiéramos | hubiéramos o hubiésemos |
| | | o pudiésemos | podido |
| | | pudierais | hubierais o hubieseis |
| | | o pudieseis | podido |
| | | pudieran | hubieran o hubiesen |
| | | o pudiesen | podido |
| **Pret. Simple** | **Pret. Anterior** | **Futuro** | **Futuro Perfecto** |
| pude | hube podido | pudiere | hubiere podido |
| pudiste | hubiste podido | pudieres | hubieres podido |
| pudo | hubo podido | pudiere | hubiere podido |
| pudimos | hubimos podido | pudiéremos | hubiéremos podido |
| pudisteis | hubisteis podido | pudiereis | hubiereis podido |
| pudieron | hubieron podido | pudieren | hubieren podido |

| IMPERATIVO |
|---|
| **Presente** |

| **Futuro** | **Futuro Perfecto** | |
|---|---|---|
| podré | habré podido | puede tú |
| podrás | habrás podido | pueda él |
| podrá | habrá podido | podamos nosotros |
| podremos | habremos podido | poded vosotros |
| podréis | habréis podido | puedan ellos |
| podrán | habrán podido | |

| FORMAS NO PERSONALES | |
|---|---|

| **Condicional** | **Condicional Perf.** | **Infinitivo** | **Infinit. Compuesto** |
|---|---|---|---|
| podría | habría podido | poder | haber podido |
| podrías | habrías podido | **Gerundio** | **Gerund. Compuesto** |
| podría | habría podido | pudiendo | habiendo podido |
| podríamos | habríamos podido | **Participio** | |
| podríais | habríais podido | podido | |
| podrían | habrían podido | | |

| INDICATIVO | | SUBJUNTIVO | |
|---|---|---|---|
| **Presente** | **Pret. Perfecto** | **Presente** | **Pret. Perfecto** |
| siento | he sentido | sienta | haya sentido |
| sientes | has sentido | sientas | hayas sentido |
| siente | ha sentido | sienta | haya sentido |
| sentimos | hemos sentido | sintamos | hayamos sentido |
| sentís | habéis sentido | sintáis | hayáis sentido |
| sienten | han sentido | sientan | hayan sentido |
| **Pret. Imperf.** | **Pret. Pluscuamp.** | **Pret. Imperf.** | **Pret. Pluscuamp.** |
| sentía | había sentido | sintiera | hubiera o hubiese |
| sentías | habías sentido | o sintiese | sentido |
| sentía | había sentido | sintieras | hubieras o hubieses |
| sentíamos | habíamos sentido | o sintieses | sentido |
| sentíais | habíais sentido | sintiera | hubiera o hubiese |
| sentían | habían sentido | o sintiese | sentido |
| | | sintiéramos | hubiéramos o hubiésemos |
| | | o sintiésemos | sentido |
| | | sintierais | hubierais o hubieseis |
| | | o sintieseis | sentido |
| | | sintieran | hubieran o hubiesen |
| | | o sintiesen | sentido |
| **Pret. Simple** | **Pret. Anterior** | **Futuro** | **Futuro Perfecto** |
| sentí | hube sentido | sintiere | hubiere sentido |
| sentiste | hubiste sentido | sintieres | hubieres sentido |
| sintió | hubo sentido | sintiere | hubiere sentido |
| sentimos | hubimos sentido | sintiéremos | hubiéremos sentido |
| sentisteis | hubisteis sentido | sintiereis | hubiereis sentido |
| sintieron | hubieron sentido | sintieren | hubieren sentido |

| | | IMPERATIVO |
|---|---|---|
| **Futuro** | **Futuro Perfecto** | **Presente** |
| sentiré | habré sentido | siente tú |
| sentirás | habrás sentido | sienta él |
| sentirá | habrá sentido | sintamos nosotros |
| sentiremos | habremos sentido | sentid vosotros |
| sentiréis | habréis sentido | sientan ellos |
| sentirán | habrán sentido | |

| | | FORMAS NO PERSONALES | |
|---|---|---|---|
| **Condicional** | **Condicional Perf.** | **Infinitivo** | **Infinit. Compuesto** |
| sentiría | habría sentido | sentir | haber sentido |
| sentirías | habrías sentido | **Gerundio** | **Gerund. Compuesto** |
| sentiría | habría sentido | sintiendo | habiendo sentido |
| sentiríamos | habríamos sentido | | |
| sintiríais | habríais sentido | **Participio** | |
| sentirían | habrían sentido | sentido | |

# 25 ERGUIR

| INDICATIVO | | SUBJUNTIVO | |
|---|---|---|---|

| **Presente** | **Pret. Perfecto** | **Presente** | **Pret. Perfecto** |
|---|---|---|---|
| yergo | he erguido | yerga | haya erguido |
| yergues | has erguido | yergas | hayas erguido |
| yergue | ha erguido | yerga | haya erguido |
| erguimos | hemos erguido | yergamos | hayamos erguido |
| erguís | habéis erguido | yergáis | hayáis erguido |
| yerguen | han erguido | yergan | hayan erguido |

| **Pret. Imperf.** | **Pret. Pluscuamp.** | **Pret. Imperf.** | **Pret. Pluscuamp.** |
|---|---|---|---|
| erguía | había erguido | irguiera | hubiera o hubiese |
| erguías | habías erguido | o irguiese | erguido |
| erguía | había erguido | irguieras | hubieras o hubieses |
| erguíamos | habíamos erguido | o irguieses | erguido |
| erguíais | habíais erguido | irguiera | hubiera o hubiese |
| erguían | habían erguido | o irguiese | erguido |
| | | irguiéramos | hubiéramos o hubiésemos |
| | | o irguiésemos | erguido |
| | | irguierais | hubierais o hubieseis |
| | | o irguieseis | erguido |
| | | irguieran | hubieran o hubiesen |
| | | o irguiesen | erguido |

| **Pret. Simple** | **Pret. Anterior** | **Futuro** | **Futuro Perfecto** |
|---|---|---|---|
| erguí | hube erguido | irguiere | hubiere erguido |
| erguiste | hubiste erguido | irguieres | hubieres erguido |
| irguió | hubo erguido | irguiere | hubiere erguido |
| erguimos | hubimos erguido | irguiéremos | hubiéremos erguido |
| erguisteis | hubisteis erguido | irguiereis | hubiereis erguido |
| irguieron | hubieron erguido | irguieren | hubieren erguido |

| | | IMPERATIVO |
|---|---|---|

| **Futuro** | **Futuro Perfecto** | **Presente** |
|---|---|---|
| erguiré | habré erguido | yergue tú |
| erguirás | habrás erguido | yerga él |
| erguirá | habrá erguido | yergamos nosotros |
| erguiremos | habremos erguido | erguid vosotros |
| erguiréis | habréis erguido | yergan ellos |
| erguirán | habrán erguido | |

| | | FORMAS NO PERSONALES |
|---|---|---|

| **Condicional** | **Condicional Perf.** | **Infinitivo** | **Infinit. Compuesto** |
|---|---|---|---|
| erguiría | habría erguido | erguir | haber erguido |
| erguirías | habrías erguido | **Gerundio** | **Gerund. Compuesto** |
| erguiría | habría erguido | irguiendo | habiendo erguido |
| erguiríamos | habríamos erguido | | |
| erguiríais | habríais erguido | **Participio** | |
| erguirían | habrían erguido | erguido | |

# 26 DORMIR

| INDICATIVO | | SUBJUNTIVO | |
|---|---|---|---|
| **Presente** | **Pret. Perfecto** | **Presente** | **Pret. Perfecto** |
| duermo | he dormido | duerma | haya dormido |
| duermes | has dormido | duermas | hayas dormido |
| duerme | ha dormido | duerma | haya dormido |
| dormimos | hemos dormido | durmamos | hayamos dormido |
| dormís | habéis dormido | durmáis | hayáis dormido |
| duermen | han dormido | duerman | hayan dormido |
| **Pret. Imperf.** | **Pret. Pluscuamp.** | **Pret. Imperf.** | **Pret. Pluscuamp.** |
| dormía | había dormido | durmiera | hubiera o hubiese |
| dormías | habías dormido | o durmiese | dormido |
| dormía | había dormido | durmieras | hubieras o hubieses |
| dormíamos | habíamos dormido | o durmieses | dormido |
| dormíais | habíais dormido | durmiera | hubiera o hubiese |
| dormían | habían dormido | o durmiese | dormido |
| | | durmiéramos | hubiéramos o hubiésemos |
| | | o durmiésemos | dormido |
| | | durmierais | hubierais o hubieseis |
| | | o durmieseis | dormido |
| | | durmieran | hubieran o hubiesen |
| | | o durmiesen | dormido |
| **Pret. Simple** | **Pret. Anterior** | **Futuro** | **Futuro Perfecto** |
| dormí | hube dormido | durmiere | hubiere dormido |
| dormiste | hubiste dormido | durmieres | hubieres dormido |
| durmió | hubo dormido | durmiere | hubiere dormido |
| dormimos | hubimos dormido | durmiéremos | hubiéremos dormido |
| dormisteis | hubisteis dormido | durmiereis | hubiereis dormido |
| durmieron | hubieron dormido | durmieren | hubieren dormido |

| | | IMPERATIVO |
|---|---|---|
| **Futuro** | **Futuro Perfecto** | **Presente** |
| dormiré | habré dormido | duerme tú |
| dormirás | habrás dormido | duerma él |
| dormirá | habrá dormido | durmamos nosotros |
| dormiremos | habremos dormido | dormid vosotros |
| dormiréis | habréis dormido | duerman ellos |
| dormirán | habrán dormido | |

| | | FORMAS NO PERSONALES | |
|---|---|---|---|
| **Condicional** | **Condicional Perf.** | **Infinitivo** | **Infinit. Compuesto** |
| dormiría | habría dormido | dormir | haber dormido |
| dormirías | habrías dormido | **Gerundio** | **Gerund. Compuesto** |
| dormiría | habría dormido | durmiendo | habiendo dormido |
| dormiríamos | habríamos dormido | | |
| dormiríais | habríais dormido | **Participio** | |
| dormirían | habrían dormido | dormido | |

# 27 ADQUIRIR

| INDICATIVO | | SUBJUNTIVO | |
|---|---|---|---|
| **Presente** | **Pret. Perfecto** | **Presente** | **Pret. Perfecto** |
| adquiero | he adquirido | adquiera | haya adquirido |
| adquieres | has adquirido | adquieras | hayas adquirido |
| adquiere | ha adquirido | adquiera | haya adquirido |
| adquirimos | hemos adquirido | adquiramos | hayamos adquirido |
| adquirís | habéis adquirido | adquiráis | hayáis adquirido |
| adquieren | han adquirido | adquieran | hayan adquirido |
| **Pret. Imperf.** | **Pret. Pluscuamp.** | **Pret. Imperf.** | **Pret. Pluscuamp.** |
| adquiría | había adquirido | adquiriera | hubiera o hubiese |
| adquirías | habías adquirido | o adquiriese | adquirido |
| adquiría | había adquirido | adquirieras | hubieras o hubieses |
| adquiríamos | habíamos adquirido | o adquirieses | adquirido |
| adquiríais | habíais adquirido | adquiriera | hubiera o hubiese |
| adquirían | habían adquirido | o adquiriese | adquirido |
| | | adquiriéramos | hubiéramos o hubiésemos |
| | | o adquiriésemos | adquirido |
| | | adquirierais | hubierais o hubieseis |
| | | o adquirieseis | adquirido |
| | | adquirieran | hubieran o hubiesen |
| | | o adquiriesen | adquirido |
| **Pret. Simple** | **Pret. Anterior** | **Futuro** | **Futuro Perfecto** |
| adquirí | hube adquirido | adquiriere | hubiere adquirido |
| adquiriste | hubiste adquirido | adquirieres | hubieres adquirido |
| adquirió | hubo adquirido | adquiriere | hubiere adquirido |
| adquirimos | hubimos adquirido | adquiriéremos | hubiéremos adquirido |
| adquiristeis | hubisteis adquirido | adquiriereis | hubiereis adquirido |
| adquirieron | hubieron adquirido | adquirieren | hubieren adquirido |

| | | IMPERATIVO |
|---|---|---|
| **Futuro** | **Futuro Perfecto** | **Presente** |
| adquiriré | habré adquirido | adquiere tú |
| adquirirás | habrás adquirido | adquiera él |
| adquirirá | habrá adquirido | adquiramos nosotros |
| adquiriremos | habremos adquirido | adquirid vosotros |
| adquiriréis | habréis adquirido | adquieran ellos |
| adquirirán | habrán adquirido | |

| | | FORMAS NO PERSONALES | |
|---|---|---|---|
| **Condicional** | **Condicional Perf.** | **Infinitivo** | **Infinit. Compuesto** |
| adquiriría | habría adquirido | adquirir | haber adquirido |
| adquirirías | habrías adquirido | **Gerundio** | **Gerund. Compuesto** |
| adquiriría | habría adquirido | adquiriendo | habiendo adquirido |
| adquiriríamos | habríamos adquirido | | |
| adquiriríais | habríais adquirido | **Participio** | |
| adquirirían | habrían adquirido | adquirido | |

# 28 PODRIR O PUDRIR

| INDICATIVO | | SUBJUNTIVO | |
|---|---|---|---|
| *Presente* | *Pret. Perfecto* | *Presente* | *Pret. Perfecto* |
| pudro | he podrido | pudra | haya podrido |
| pudres | has podrido | pudras | hayas podrido |
| pudre | ha podrido | pudra | haya podrido |
| pudrimos | hemos podrido | pudramos | hayamos podrido |
| pudrís | habéis podrido | pudráis | hayáis podrido |
| pudren | han podrido | pudran | hayan podrido |
| *Pret. Imperf.* | *Pret. Pluscuamp.* | *Pret. Imperf.* | *Pret. Pluscuamp.* |
| pudría | había podrido | pudriera | hubiera *o* hubiese |
| pudrías | habías podrido | *o* pudriese | podrido |
| pudría | había podrido | pudrieras | hubieras *o* hubieses |
| pudríamos | habíamos podrido | *o* pudrieses | podrido |
| pudríais | habíais podrido | pudriera | hubiera *o* hubiese |
| pudrían | habían podrido | *o* pudriese | podrido |
| | | pudriéramos | hubiéramos *o* hubiésemos |
| | | *o* pudriésemos | podrido |
| | | pudrierais | hubierais *o* hubieseis |
| | | *o* pudrieseis | podrido |
| | | pudrieran | hubieran *o* hubiesen |
| | | *o* pudriesen | podrido |
| *Pret. Simple* | *Pret. Anterior* | *Futuro* | *Futuro Perfecto* |
| pudrí | hube podrido | pudriere | hubiere podrido |
| pudriste | hubiste podrido | pudrieres | hubieres podrido |
| pudrió | hubo podrido | pudriere | hubiere podrido |
| pudrimos | hubimos podrido | pudriéremos | hubiéremos podrido |
| pudristeis | hubisteis podrido | pudriereis | hubiereis podrido |
| pudrieron | hubieron podrido | pudrieren | hubieren podrido |

| IMPERATIVO |
|---|
| *Presente* |
| pudre tú |
| pudra él |
| pudramos nosotros |
| pudrid vosotros |
| pudran ellos |

| *Futuro* | *Futuro Perfecto* |
|---|---|
| pudriré | habré podrido |
| pudrirás | habrás podrido |
| pudrirá | habrá podrido |
| pudriremos | habremos podrido |
| pudriréis | habréis podrido |
| pudrirán | habrán podrido |

| FORMAS NO PERSONALES | |
|---|---|
| *Infinitivo* | *Infinit. Compuesto* |
| pudrir | haber podrido |
| *Gerundio* | *Gerund. Compuesto* |
| pudriendo | habiendo podrido |
| *Participio* | |
| podrido | |

| *Condicional* | *Condicional Perf.* |
|---|---|
| pudriría | habría podrido |
| pudrirías | habrías podrido |
| pudriría | habría podrido |
| pudriríamos | habríamos podrido |
| pudriríais | habríais podrido |
| pudrirían | habrían podrido |

| INDICATIVO | | SUBJUNTIVO | |
|---|---|---|---|
| **Presente** | **Pret. Perfecto** | **Presente** | **Pret. Perfecto** |
| juego | he jugado | juegue | haya jugado |
| juegas | has jugado | juegues | hayas jugado |
| juega | ha jugado | juegue | haya jugado |
| jugamos | hemos jugado | juguemos | hayamos jugado |
| jugáis | habéis jugado | juguéis | hayáis jugado |
| juegan | han jugado | jueguen | hayan jugado |
| **Pret. Imperf.** | **Pret. Pluscuamp.** | **Pret. Imperf.** | **Pret. Pluscuamp.** |
| jugaba | había jugado | jugara | hubiera *o* hubiese |
| jugabas | habías jugado | *o* jugase | jugado |
| jugaba | había jugado | jugaras | hubieras *o* hubieses |
| jugábamos | habíamos jugado | *o* jugases | jugado |
| jugabais | habíais jugado | jugara | hubiera *o* hubiese |
| jugaban | habían jugado | *o* jugase | jugado |
| | | jugáramos | hubiéramos *o* hubiésemos |
| | | *o* jugásemos | jugado |
| | | jugarais | hubierais *o* hubieseis |
| | | *o* jugaseis | jugado |
| | | jugaran | hubieran *o* hubiesen |
| | | *o* jugasen | jugado |
| **Pret. Simple** | **Pret. Anterior** | **Futuro** | **Futuro Perfecto** |
| jugué | hube jugado | jugare | hubiere jugado |
| jugaste | hubiste jugado | jugares | hubieres jugado |
| jugó | hubo jugado | jugare | hubiere jugado |
| jugamos | hubimos jugado | jugáremos | hubiéremos jugado |
| jugasteis | hubisteis jugado | jugareis | hubiereis jugado |
| jugaron | hubieron jugado | jugaren | hubieren jugado |

| IMPERATIVO |
|---|
| **Presente** |
| juega tú |
| juegue él |
| juguemos nosotros |
| jugad vosotros |
| jueguen ellos |

| **Futuro** | **Futuro Perfecto** |
|---|---|
| jugaré | habré jugado |
| jugarás | habrás jugado |
| jugará | habrá jugado |
| jugaremos | habremos jugado |
| jugaréis | habréis jugado |
| jugarán | habrán jugado |

| FORMAS NO PERSONALES | |
|---|---|
| **Infinitivo** | **Infinit. Compuesto** |
| jugar | haber jugado |
| **Gerundio** | **Gerund. Compuesto** |
| jugando | habiendo jugado |
| **Participio** | |
| jugado | |

| **Condicional** | **Condicional Perf.** |
|---|---|
| jugaría | habría jugado |
| jugarías | habrías jugado |
| jugaría | habría jugado |
| jugaríamos | habríamos jugado |
| jugaríais | habríais jugado |
| jugarían | habrían jugado |

| INDICATIVO | | SUBJUNTIVO | |
|---|---|---|---|
| *Presente* | *Pret. Perfecto* | *Presente* | *Pret. Perfecto* |
| hago | he hecho | haga | haya hecho |
| haces | has hecho | hagas | hayas hecho |
| hace | ha hecho | haga | haya hecho |
| hacemos | hemos hecho | hagamos | hayamos hecho |
| hacéis | habéis hecho | hagáis | hayáis hecho |
| hacen | han hecho | hagan | hayan hecho |
| *Pret. Imperf.* | *Pret. Pluscuamp.* | *Pret. Imperf.* | *Pret. Pluscuamp.* |
| hacía | había hecho | hiciera | hubiera *o* hubiese |
| hacías | habías hecho | *o* hiciese | hecho |
| hacía | había hecho | hicieras | hubieras *o* hubieses |
| hacíamos | habíamos hecho | *o* hicieses | hecho |
| hacíais | habíais hecho | hiciera | hubiera *o* hubiese |
| hacían | habían hecho | *o* hiciese | hecho |
| | | hiciéramos | hubiéramos *o* hubiésemos |
| | | *o* hiciésemos | hecho |
| | | hicierais | hubierais *o* hubieseis |
| | | *o* hicieseis | hecho |
| | | hicieran | hubieran *o* hubiesen |
| | | *o* hiciesen | hecho |
| *Pret. Simple* | *Pret. Anterior* | *Futuro* | *Futuro Perfecto* |
| hice | hube hecho | hiciere | hubiere hecho |
| hiciste | hubiste hecho | hicieres | hubieres hecho |
| hizo | hubo hecho | hiciere | hubiere hecho |
| hicimos | hubimos hecho | hiciéremos | hubiéremos hecho |
| hicisteis | hubisteis hecho | hiciereis | hubiereis hecho |
| hicieron | hubieron hecho | hicieren | hubieren hecho |

| IMPERATIVO |
|---|
| *Presente* |
| haz tú |
| haga él |
| hagamos nosotros |
| haced vosotros |
| hagan ellos |

| *Futuro* | *Futuro Perfecto* |
|---|---|
| haré | habré hecho |
| harás | habrás hecho |
| hará | habrá hecho |
| haremos | habremos hecho |
| haréis | habréis hecho |
| harán | habrán hecho |

| FORMAS NO PERSONALES | |
|---|---|
| *Infinitivo* | *Infinit. Compuesto* |
| hacer | haber hecho |
| *Gerundio* | *Gerund. Compuesto* |
| haciendo | habiendo hecho |
| *Participio* | |
| hecho | |

| *Condicional* | *Condicional Perf.* |
|---|---|
| haría | habría hecho |
| harías | habrías hecho |
| haría | habría hecho |
| haríamos | habríamos hecho |
| haríais | habríais hecho |
| harían | habrían hecho |

| INDICATIVO | | SUBJUNTIVO | |
|---|---|---|---|
| **Presente** | **Pret. Perfecto** | **Presente** | **Pret. Perfecto** |
| yazco* | he yacido | yazca** | haya yacido |
| yaces | has yacido | yazcas | hayas yacido |
| yace | ha yacido | yazca | haya yacido |
| yacemos | hemos yacido | yazcamos | hayamos yacido |
| yacéis | habéis yacido | yazcáis | hayáis yacido |
| yacen | han yacido | yazcan | hayan yacido |
| **Pret. Imperf.** | **Pret. Pluscuamp.** | **Pret. Imperf.** | **Pret. Pluscuamp.** |
| yacía | había yacido | yaciera | hubiera o hubiese |
| yacías | habías yacido | o yaciese | yacido |
| yacía | había yacido | yacieras | hubieras o hubieses |
| yacíamos | habíamos yacido | o yacieses | yacido |
| yacíais | habíais yacido | yaciera | hubiera o hubiese |
| yacían | habían yacido | o yaciese | yacido |
| | | yaciéramos | hubiéramos o hubiésemos |
| | | o yaciésemos | yacido |
| | | yacierais | hubierais o hubieseis |
| | | o yacieseis | yacido |
| | | yacieran | hubieran o hubiesen |
| | | o yaciesen | yacido |
| **Pret. Simple** | **Pret. Anterior** | **Futuro** | **Futuro Perfecto** |
| yací | hube yacido | yaciere | hubiere yacido |
| yaciste | hubiste yacido | yacieres | hubieres yacido |
| yació | hubo yacido | yaciere | hubiere yacido |
| yacimos | hubimos yacido | yaciéremos | hubiéremos yacido |
| yacisteis | hubisteis yacido | yaciereis | hubiereis yacido |
| yacieron | hubieron yacido | yacieren | hubieren yacido |

| IMPERATIVO |
|---|
| **Presente** |

| **Futuro** | **Futuro Perfecto** | Presente |
|---|---|---|
| yaceré | habré yacido | yace tú |
| yacerás | habrás yacido | yazca él |
| yacerá | habrá yacido | yazcamos nosotros |
| yaceremos | habremos yacido | yaced vosotros |
| yaceréis | habréis yacido | yazcan ellos |
| yacerán | habrán yacido | |

| FORMAS NO PERSONALES | |
|---|---|

| **Condicional** | **Condicional Perf.** | **Infinitivo** | **Infinit. Compuesto** |
|---|---|---|---|
| yacería | habría yacido | yacer | haber yacido |
| yacerías | habrías yacido | **Gerundio** | **Gerund. Compuesto** |
| yacería | habría yacido | yaciendo | habiendo yacido |
| yaceríamos | habríamos yacido | | |
| yaceríais | habríais yacido | **Participio** | |
| yacerían | habrían yacido | yacido | |

\* yago
\*\* yaga o yazga

# 32 CONOCER

| INDICATIVO | | SUBJUNTIVO | |
|---|---|---|---|
| **Presente** | **Pret. Perfecto** | **Presente** | **Pret. Perfecto** |
| conozco | he conocido | conozca | haya conocido |
| conoces | has conocido | conozcas | hayas conocido |
| conoce | ha conocido | conozca | haya conocido |
| conocemos | hemos conocido | conozcamos | hayamos conocido |
| conocéis | habéis conocido | conozcáis | hayáis conocido |
| conocen | han conocido | conozcan | hayan conocido |
| **Pret. Imperf.** | **Pret. Pluscuamp.** | **Pret. Imperf.** | **Pret. Pluscuamp.** |
| conocía | había conocido | conociera | hubiera o hubiese |
| conocías | habías conocido | o conociese | conocido |
| conocía | había conocido | conocieras | hubieras o hubieses |
| conocíamos | habíamos conocido | o conocieses | conocido |
| conocíais | habíais conocido | conociera | hubiera o hubiese |
| conocían | habían conocido | o conociese | conocido |
| | | conociéramos | hubiéramos o hubiésemos |
| | | o conociésemos | conocido |
| | | conocierais | hubierais o hubieseis |
| | | o conocieseis | conocido |
| | | conocieran | hubieran o hubiesen |
| | | o conociesen | conocido |
| **Pret. Simple** | **Pret. Anterior** | **Futuro** | **Futuro Perfecto** |
| conocí | hube conocido | conociere | hubiere conocido |
| conociste | hubiste conocido | conocieres | hubieres conocido |
| conoció | hubo conocido | conociere | hubiere conocido |
| conocimos | hubimos conocido | conociéremos | hubiéremos conocido |
| conocisteis | hubisteis conocido | conociereis | hubiereis conocido |
| conocieron | hubieron conocido | conocieren | hubieren conocido |

| IMPERATIVO |
|---|
| **Presente** |
| conoce tú |
| conozca él |
| conozcamos nosotros |
| conoced vosotros |
| conozcan ellos |

**Futuro** / **Futuro Perfecto**

| | |
|---|---|
| conoceré | habré conocido |
| conocerás | habrás conocido |
| conocerá | habrá conocido |
| conoceremos | habremos conocido |
| conoceréis | habréis conocido |
| conocerán | habrán conocido |

| FORMAS NO PERSONALES | |
|---|---|
| **Infinitivo** | **Infinit. Compuesto** |
| conocer | haber conocido |
| **Gerundio** | **Gerund. Compuesto** |
| conociendo | habiendo conocido |
| **Participio** | |
| conocido | |

**Condicional** / **Condicional Perf.**

| | |
|---|---|
| conocería | habría conocido |
| conocerías | habrías conocido |
| conocería | habría conocido |
| conoceríamos | habríamos conocido |
| conoceríais | habríais conocido |
| conocerían | habrían conocido |

# 33 LUCIR

| INDICATIVO | | SUBJUNTIVO | |
|---|---|---|---|
| *Presente* | *Pret. Perfecto* | *Presente* | *Pret. Perfecto* |
| luzco | he lucido | luzca | haya lucido |
| luces | has lucido | luzcas | hayas lucido |
| luce | ha lucido | luzca | haya lucido |
| lucimos | hemos lucido | luzcamos | hayamos lucido |
| lucís | habéis lucido | luzcáis | hayáis lucido |
| lucen | han lucido | luzcan | hayan lucido |
| *Pret. Imperf.* | *Pret. Pluscuamp.* | *Pret. Imperf.* | *Pret. Pluscuamp.* |
| lucía | había lucido | luciera | hubiera *o* hubiese |
| lucías | habías lucido | *o* luciese | lucido |
| lucía | había lucido | lucieras | hubieras *o* hubieses |
| lucíamos | habíamos lucido | *o* lucieses | lucido |
| lucíais | habíais lucido | luciera | hubiera *o* hubiese |
| lucían | habían lucido | *o* luciese | lucido |
| | | luciéramos | hubiéramos *o* hubiésemos |
| | | *o* luciésemos | lucido |
| | | lucierais | hubierais *o* hubieseis |
| | | *o* lucieseis | lucido |
| | | lucieran | hubieran *o* hubiesen |
| | | *o* luciesen | lucido |
| *Pret. Simple* | *Pret. Anterior* | *Futuro* | *Futuro Perfecto* |
| lucí | hube lucido | luciere | hubiere lucido |
| luciste | hubiste lucido | lucieres | hubieres lucido |
| lució | hubo lucido | luciere | hubiere lucido |
| lucimos | hubimos lucido | luciéremos | hubiéremos lucido |
| lucisteis | hubisteis lucido | luciereis | hubiereis lucido |
| lucieron | hubieron lucido | lucieren | hubieren lucido |

| | | IMPERATIVO |
|---|---|---|
| *Futuro* | *Futuro Perfecto* | *Presente* |
| luciré | habré lucido | luce tú |
| lucirás | habrás lucido | luzca él |
| lucirá | habrá lucido | luzcamos nosotros |
| luciremos | habremos lucido | lucid vosotros |
| luciréis | habréis lucido | luzcan ellos |
| lucirán | habrán lucido | |

| | | FORMAS NO PERSONALES | |
|---|---|---|---|
| *Condicional* | *Condicional Perf.* | *Infinitivo* | *Infinit. Compuesto* |
| luciría | habría lucido | lucir | haber lucido |
| lucirías | habrías lucido | *Gerundio* | *Gerund. Compuesto* |
| luciría | habría lucido | luciendo | habiendo lucido |
| luciríamos | habríamos lucido | *Participio* | |
| luciríais | habríais lucido | lucido | |
| lucirían | habrían lucido | | |

| INDICATIVO | | SUBJUNTIVO | |
|---|---|---|---|
| **Presente** | **Pret. Perfecto** | **Presente** | **Pret. Perfecto** |
| traduzco | he traducido | traduzca | haya traducido |
| traduces | has traducido | traduzcas | hayas traducido |
| traduce | ha traducido | traduzca | haya traducido |
| traducimos | hemos traducido | traduzcamos | hayamos traducido |
| traducís | habéis traducido | traduzcáis | hayáis traducido |
| traducen | han traducido | traduzcan | hayan traducido |
| **Pret. Imperf.** | **Pret. Pluscuamp.** | **Pret. Imperf.** | **Pret. Pluscuamp.** |
| traducía | había traducido | tradujera | hubiera o hubiese |
| traducías | habías traducido | o tradujese | traducido |
| traducía | había traducido | tradujeras | hubieras o hubieses |
| traducíamos | habíamos traducido | o tradujeses | traducido |
| traducíais | habíais traducido | tradujera | hubiera o hubiese |
| traducían | habían traducido | o tradujese | traducido |
| | | tradujéramos | hubiéramos o hubiésemos |
| | | o tradujésemos | traducido |
| | | tradujerais | hubierais o hubieseis |
| | | o tradujeseis | traducido |
| | | tradujeran | hubieran o hubiesen |
| | | o tradujesen | traducido |
| **Pret. Simple** | **Pret. Anterior** | **Futuro** | **Futuro Perfecto** |
| traduje | hube traducido | tradujere | hubiere traducido |
| tradujiste | hubiste traducido | tradujeres | hubieres traducido |
| tradujo | hubo traducido | tradujere | hubiere traducido |
| tradujimos | hubimos traducido | tradujéremos | hubiéremos traducido |
| tradujisteis | hubisteis traducido | tradujereis | hubiereis traducido |
| tradujeron | hubieron traducido | tradujeren | hubieren traducido |

| | | IMPERATIVO |
|---|---|---|
| **Futuro** | **Futuro Perfecto** | **Presente** |
| traduciré | habré traducido | traduce tú |
| traducirás | habrás traducido | traduzca él |
| traducirá | habrá traducido | traduzcamos nosotros |
| traduciremos | habremos traducido | traducid vosotros |
| traduciréis | habréis traducido | traduzcan ellos |
| traducirán | habrán traducido | |

| | | FORMAS NO PERSONALES | |
|---|---|---|---|
| **Condicional** | **Condicional Perf.** | **Infinitivo** | **Infinit. Compuesto** |
| traduciría | habría traducido | traducir | haber traducido |
| traducirías | habrías traducido | **Gerundio** | **Gerund. Compuesto** |
| traduciría | habría traducido | traduciendo | habiendo traducido |
| traduciríamos | habríamos traducido | **Participio** | |
| traduciríais | habríais traducido | traducido | |
| traducirían | habrían traducido | | |

# 35 PLACER

| INDICATIVO | | SUBJUNTIVO | |
|---|---|---|---|
| **Presente** | **Pret. Perfecto** | **Presente** | **Pret. Perfecto** |
| plazco | he placido | plazca | haya placido |
| places | has placido | plazcas | hayas placido |
| place | ha placido | plazca | haya placido |
| placemos | hemos placido | plazcamos | hayamos placido |
| placéis | habéis placido | plazcáis | hayáis placido |
| placen | han placido | plazcan | hayan placido |
| **Pret. Imperf.** | **Pret. Pluscuamp.** | **Pret. Imperf.** | **Pret. Pluscuamp.** |
| placía | había placido | placiera | hubicra o hubiese |
| placías | habías placido | o placiese | placido |
| placía | había placido | placieras | hubieras o hubieses |
| placíamos | habíamos placido | o placieses | placido |
| placíais | habíais placido | placiera | hubiera o hubiese |
| placían | habían placido | o placiese | placido |
| | | placiéramos | hubiéramos o hubiésemos |
| | | o placiésemos | placido |
| | | placierais | hubierais o hubieseis |
| | | o placieseis | placido |
| | | placieran | hubieran o hubiesen |
| | | o placiesen | placido |
| **Pret. Simple** | **Pret. Anterior** | **Futuro** | **Futuro Perfecto** |
| plací | hube placido | placiere | hubiere placido |
| placiste | hubiste placido | placieres | hubieres placido |
| plació | hubo placido | placiere | hubiere placido |
| placimos | hubimos placido | placiéremos | hubiéremos placido |
| placisteis | hubisteis placido | placiereis | hubiereis placido |
| placieron | hubieron placido | placieren | hubieren placido |

| IMPERATIVO |
|---|
| **Presente** |
| place tú |
| plazca él |
| plazcamos nosotros |
| placed vosotros |
| plazcan ellos |

| **Futuro** | **Futuro Perfecto** |
|---|---|
| placeré | habré placido |
| placerás | habrás placido |
| placerá | habrá placido |
| placeremos | habremos placido |
| placeréis | habréis placido |
| placerán | habrán placido |

| FORMAS NO PERSONALES | |
|---|---|
| **Infinitivo** | **Infinit. Compuesto** |
| placer | haber placido |
| **Gerundio** | **Gerund. Compuesto** |
| placiendo | habiendo placido |
| **Participio** | |
| placido | |

| **Condicional** | **Condicional Perf.** |
|---|---|
| placería | habría placido |
| placerías | habrías placido |
| placería | habría placido |
| placeríamos | habríamos placido |
| placeríais | habríais placido |
| placerían | habrían placido |

| INDICATIVO | | SUBJUNTIVO | |
|---|---|---|---|
| **Presente** | **Pret. Perfecto** | **Presente** | **Pret. Perfecto** |
| asgo | he asido | asga | haya asido |
| ases | has asido | asgas | hayas asido |
| ase | ha asido | asga | haya asido |
| asimos | hemos asido | asgamos | hayamos asido |
| asís | habéis asido | asgáis | hayáis asido |
| asen | han asido | asgan | hayan asido |
| **Pret. Imperf.** | **Pret. Pluscuamp.** | **Pret. Imperf.** | **Pret. Pluscuamp.** |
| asía | había asido | asiera | hubiera o hubiese |
| asías | habías asido | o asiese | asido |
| asía | había asido | asieras | hubieras o hubieses |
| asíamos | habíamos asido | o asieses | asido |
| asíais | habíais asido | asiera | hubiera o hubiese |
| asían | habían asido | o asiese | asido |
| | | asiéramos | hubiéramos o hubiésemos |
| | | o asiésemos | asido |
| | | asierais | hubierais o hubieseis |
| | | o asieseis | asido |
| | | asieran | hubieran o hubiesen |
| | | o asiesen | asido |
| **Pret. Simple** | **Pret. Anterior** | **Futuro** | **Futuro Perfecto** |
| así | hube asido | asiere | hubiere asido |
| asiste | hubiste asido | asieres | hubieres asido |
| asió | hubo asido | asiere | hubiere asido |
| asimos | hubimos asido | asiéremos | hubiéremos asido |
| asisteis | hubisteis asido | asiereis | hubiereis asido |
| asieron | hubieron asido | asieren | hubieren asido |

| IMPERATIVO |
|---|

| **Futuro** | **Futuro Perfecto** | **Presente** |
|---|---|---|
| asiré | habré asido | ase tú |
| asirás | habrás asido | asga él |
| asirá | habrá asido | asgamos nosotros |
| asiremos | habremos asido | asid vosotros |
| asiréis | habréis asido | asgan ellos |
| asirán | habrán asido | |

| FORMAS NO PERSONALES |
|---|

| **Condicional** | **Condicional Perf.** | **Infinitivo** | **Infinit. Compuesto** |
|---|---|---|---|
| asiría | habría asido | asir | haber asido |
| asirías | habrías asido | **Gerundio** | **Gerund. Compuesto** |
| asiría | habría asido | asiendo | habiendo asido |
| asiríamos | habríamos asido | | |
| asiríais | habríais asido | **Participio** | |
| asirían | habrían asido | asido | |

| INDICATIVO | | SUBJUNTIVO | |
|---|---|---|---|
| **Presente** | **Pret. Perfecto** | **Presente** | **Pret. Perfecto** |
| salgo | he salido | salga | haya salido |
| sales | has salido | salgas | hayas salido |
| sale | ha salido | salga | haya salido |
| salimos | hemos salido | salgamos | hayamos salido |
| salís | habéis salido | salgáis | hayáis salido |
| salen | han salido | salgan | hayan salido |
| **Pret. Imperf.** | **Pret. Pluscuamp.** | **Pret. Imperf.** | **Pret. Pluscuamp.** |
| salía | había salido | saliera | hubiera o hubiese |
| salías | habías salido | o saliese | salido |
| salía | había salido | salieras | hubieras o hubieses |
| salíamos | habíamos salido | o salieses | salido |
| salíais | habíais salido | saliera | hubiera o hubiese |
| salían | habían salido | o saliese | salido |
| | | saliéramos | hubiéramos o hubiésemos |
| | | o saliésemos | salido |
| | | salierais | hubierais o hubieseis |
| | | o salieseis | salido |
| | | salieran | hubieran o hubiesen |
| | | o saliesen | salido |
| **Pret. Simple** | **Pret. Anterior** | **Futuro** | **Futuro Perfecto** |
| salí | hube salido | saliere | hubiere salido |
| saliste | hubiste salido | salieres | hubieres salido |
| salió | hubo salido | saliere | hubiere salido |
| salimos | hubimos salido | saliéremos | hubiéremos salido |
| salisteis | hubisteis salido | saliereis | hubiereis salido |
| salieron | hubieron salido | salieren | hubieren salido |
| | | IMPERATIVO | |
| **Futuro** | **Futuro Perfecto** | **Presente** | |
| saldré | habré salido | sal tú | |
| saldrás | habrás salido | salga él | |
| saldrá | habrá salido | salgamos nosotros | |
| saldremos | habremos salido | salid vosotros | |
| saldréis | habréis salido | salgan ellos | |
| saldrán | habrán salido | | |
| | | FORMAS NO PERSONALES | |
| **Condicional** | **Condicional Perf.** | **Infinitivo** | **Infinit. Compuesto** |
| saldría | habría salido | salir | haber salido |
| saldrías | habrías salido | **Gerundio** | **Gerund. Compuesto** |
| saldría | habría salido | saliendo | habiendo salido |
| saldríamos | habríamos salido | **Participio** | |
| saldríais | habríais salido | salido | |
| saldrían | habrían salido | | |

| INDICATIVO | | SUBJUNTIVO | |
|---|---|---|---|
| *Presente* | *Pret. Perfecto* | *Presente* | *Pret. Perfecto* |
| valgo | he valido | valga | haya valido |
| vales | has valido | valgas | hayas valido |
| vale | ha valido | valga | haya valido |
| valemos | hemos valido | valgamos | hayamos valido |
| valéis | habéis valido | valgáis | hayáis valido |
| valen | han valido | valgan | hayan valido |
| *Pret. Imperf.* | *Pret. Pluscuamp.* | *Pret. Imperf.* | *Pret. Pluscuamp.* |
| valía | había valido | valiera | hubiera *o* hubiese |
| valías | habías valido | *o* valiese | valido |
| valía | había valido | valieras | hubieras *o* hubieses |
| valíamos | habíamos valido | *o* valieses | valido |
| valíais | habíais valido | valiera | hubiera *o* hubiese |
| valían | habían valido | *o* valiese | valido |
| | | valiéramos | hubiéramos *o* hubiésemos |
| | | *o* valiésemos | valido |
| | | valierais | hubierais *o* hubieseis |
| | | *o* valieseis | valido |
| | | valieran | hubieran *o* hubiesen |
| | | *o* valiesen | valido |
| *Pret. Simple* | *Pret. Anterior* | *Futuro* | *Futuro Perfecto* |
| valí | hube valido . | valiere | hubiere valido |
| valiste | hubiste valido | valieres | hubieres valido |
| valió | hubo valido | valiere | hubiere valido |
| valimos | hubimos valido | valiéremos | hubiéremos valido |
| valisteis | hubisteis valido | valiereis | hubiereis valido |
| valieron | hubieron valido | valieren | hubieren valido |

| IMPERATIVO |
|---|
| *Presente* |
| vale tú |
| valga él |
| valgamos nosotros |
| valed vosotros |
| valgan ellos |

| *Futuro* | *Futuro Perfecto* |
|---|---|
| valdré | habré valido |
| valdrás | habrás valido |
| valdrá | habrá valido |
| valdremos | habremos valido |
| valdréis | habréis valido |
| valdrán | habrán valido |

| FORMAS NO PERSONALES | |
|---|---|
| *Infinitivo* | *Infinit. Compuesto* |
| valer | haber valido |
| *Gerundio* | *Gerund. Compuesto* |
| valiendo | habiendo valido |
| *Participio* | |
| valido | |

| *Condicional* | *Condicional Perf.* |
|---|---|
| valdría | habría valido |
| valdrías | habrías valido |
| valdría | habría valido |
| valdríamos | habríamos valido |
| valdríais | habríais valido |
| valdrían | habrían valido |

| INDICATIVO | | SUBJUNTIVO | |
|---|---|---|---|
| **Presente** | **Pret. Perfecto** | **Presente** | **Pret. Perfecto** |
| construyo | he construido | construya | haya construido |
| construyes | has construido | construyas | hayas construido |
| construye | ha construido | construya | haya construido |
| construimos | hemos construido | construyamos | hayamos construido |
| construís | habéis construido | construyáis | hayáis construido |
| construyen | han construido | construyan | hayan construido |
| **Pret. Imperf.** | **Pret. Pluscuamp.** | **Pret. Imperf.** | **Pret. Pluscuamp.** |
| construía | había construido | construyera | hubiera o hubiese |
| construías | habías construido | o construyese | construido |
| construía | había construido | construyeras | hubieras o hubieses |
| construíamos | habíamos construido | o construyeses | construido |
| construíais | habíais construido | construyera | hubiera o hubiese |
| construían | habían construido | o construyese | construido |
| | | construyéramos | hubiéramos o hubiésemos |
| | | o construyésemos | construido |
| | | construyerais | hubierais o hubieseis |
| | | o construyeseis | construido |
| | | construyeran | hubieran o hubiesen |
| | | o construyesen | construido |
| **Pret. Simple** | **Pret. Anterior** | **Futuro** | **Futuro Perfecto** |
| construí | hube construido | construyere | hubiere construido |
| construiste | hubiste construido | construyeres | hubieres construido |
| construyó | hubo construido | construyere | hubiere construido |
| construimos | hubimos construido | construyéremos | hubiéremos construido |
| construisteis | hubisteis construido | construyereis | hubiereis construido |
| construyeron | hubieron construido | construyeren | hubieren construido |

| IMPERATIVO |
|---|
| **Presente** |
| construye tú |
| construya él |
| construyamos nosotros |
| construid vosotros |
| construyan ellos |

| **Futuro** | **Futuro Perfecto** |
|---|---|
| construiré | habré construido |
| construirás | habrás construido |
| construirá | habrá construido |
| construiremos | habremos construido |
| construiréis | habréis construido |
| construirán | habrán construido |

| FORMAS NO PERSONALES | |
|---|---|
| **Infinitivo** | **Infinit. Compuesto** |
| construir | haber construido |
| **Gerundio** | **Gerund. Compuesto** |
| construyendo | habiendo construido |
| **Participio** | |
| construido | |

| **Condicional** | **Condicional Perf.** |
|---|---|
| construiría | habría construido |
| construirías | habrías construido |
| construiría | habría construido |
| construiríamos | habríamos construido |
| construiríais | habríais construido |
| construirían | habrían construido |

# 40 OIR

| INDICATIVO | | SUBJUNTIVO | |
|---|---|---|---|
| **Presente** | **Pret. Perfecto** | **Presente** | **Pret. Perfecto** |
| oigo | he oído | oiga | haya oído |
| oyes | has oído | oigas | hayas oído |
| oye | ha oído | oiga | haya oído |
| oímos | hemos oído | oigamos | hayamos oído |
| oís | habéis oído | oigáis | hayáis oído |
| oyen | han oído | oigan | hayan oído |
| **Pret. Imperf.** | **Pret. Pluscuamp.** | **Pret. Imperf.** | **Pret. Pluscuamp.** |
| oía | había oído | oyera | hubiera o hubiese |
| oías | habías oído | o oyese | oído |
| oía | había oído | oyeras | hubieras o hubieses |
| oíamos | habíamos oído | o oyeses | oído |
| oíais | habíais oído | oyera | hubiera o hubiese |
| oían | habían oído | o oyese | oído |
| | | oyéramos | hubiéramos o hubiésemos |
| | | o oyésemos | oído |
| | | oyerais | hubierais o hubieseis |
| | | o oyeseis | oído |
| | | oyeran | hubieran o hubiesen |
| | | o oyesen | oído |
| **Pret. Simple** | **Pret. Anterior** | **Futuro** | **Futuro Perfecto** |
| oí | hube oído | oyere | hubiere oído |
| oiste | hubiste oído | oyeres | hubieres oído |
| oyó | hubo oído | oyere | hubiere oído |
| oímos | hubimos oído | oyéremos | hubiéremos oído |
| oísteis | hubisteis oído | oyereis | hubiereis oído |
| oyeron | hubieron oído | oyeren | hubieren oído |

| IMPERATIVO |
|---|
| **Presente** |
| oye tú |
| oiga él |
| oigamos nosotros |
| oid vosotros |
| oigan ellos |

| **Futuro** | **Futuro Perfecto** |
|---|---|
| oiré | habré oído |
| oirás | habrás oído |
| oirá | habrá oído |
| oiremos | habremos oído |
| oiréis | habréis oído |
| oirán | habrán oído |

| FORMAS NO PERSONALES | |
|---|---|
| **Infinitivo** | **Infinit. Compuesto** |
| oír | haber oído |
| **Gerundio** | **Gerund. Compuesto** |
| oyendo | habiendo oído |
| **Participio** | |
| oído | |

| **Condicional** | **Condicional Perf.** |
|---|---|
| oiría | habría oído |
| oirías | habrías oído |
| oiría | habría oído |
| oiríamos | habríamos oído |
| oiríais | habríais oído |
| oirían | habrían oído |

# 41 DECIR

| INDICATIVO | | SUBJUNTIVO | |
|---|---|---|---|
| *Presente* | *Pret. Perfecto* | *Presente* | *Pret. Perfecto* |
| digo | he dicho | diga | haya dicho |
| dices | has dicho | digas | hayas dicho |
| dice | ha dicho | diga | haya dicho |
| decimos | hemos dicho | digamos | hayamos dicho |
| decís | habéis dicho | digáis | hayáis dicho |
| dicen | han dicho | digan | hayan dicho |
| *Pret. Imperf.* | *Pret. Pluscuamp.* | *Pret. Imperf.* | *Pret. Pluscuamp.* |
| decía | había dicho | dijera | hubiera *o* hubiese |
| decías | habías dicho | *o* dijese | dicho |
| decía | había dicho | dijeras | hubieras *o* hubieses |
| decíamos | habíamos dicho | *o* dijeses | dicho |
| decíais | habíais dicho | dijera | hubiera *o* hubiese |
| decían | habían dicho | *o* dijese | dicho |
| | | dijéramos | hubiéramos *o* hubiésemos |
| | | *o* dijésemos | dicho |
| | | dijerais | hubierais *o* hubieseis |
| | | *o* dijeseis | dicho |
| | | dijeran | hubieran *o* hubiesen |
| | | *o* dijesen | dicho |
| *Pret. Simple* | *Pret. Anterior* | *Futuro* | *Futuro Perfecto* |
| dije | hube dicho | dijere | hubiere dicho |
| dijiste | hubiste dicho | dijeres | hubieres dicho |
| dijo | hubo dicho | dijere | hubiere dicho |
| dijimos | hubimos dicho | dijéremos | hubiéremos dicho |
| dijisteis | hubisteis dicho | dijereis | hubiereis dicho |
| dijeron | hubieron dicho | dijeren | hubieren dicho |

| IMPERATIVO |
|---|
| *Presente* |
| di tú |
| diga él |
| digamos nosotros |
| decid vosotros |
| digan ellos |

| *Futuro* | *Futuro Perfecto* |
|---|---|
| diré | habré dicho |
| dirás | habrás dicho |
| dirá | habrá dicho |
| diremos | habremos dicho |
| diréis | habréis dicho |
| dirán | habrán dicho |

| FORMAS NO PERSONALES | |
|---|---|
| *Infinitivo* | *Infinit. Compuesto* |
| decir | haber dicho |
| *Gerundio* | *Gerund. Compuesto* |
| diciendo | habiendo dicho |
| *Participio* | |
| dicho | |

| *Condicional* | *Condicional Perf.* |
|---|---|
| diría | habría dicho |
| dirías | habrías dicho |
| diría | habría dicho |
| diríamos | habríamos dicho |
| diríais | habríais dicho |
| dirían | habrían dicho |

| INDICATIVO | | SUBJUNTIVO | |
|---|---|---|---|

| *Presente* | *Pret. Perfecto* | *Presente* | *Pret. Perfecto* |
|---|---|---|---|
| quepo | he cabido | quepa | haya cabido |
| cabes | has cabido | quepas | hayas cabido |
| cabe | ha cabido | quepa | haya cabido |
| cabemos | hemos cabido | quepamos | hayamos cabido |
| cabéis | habéis cabido | quepáis | hayáis cabido |
| caben | han cabido | quepan | hayan cabido |

| *Pret. Imperf.* | *Pret. Pluscuamp.* | *Pret. Imperf.* | *Pret. Pluscuamp.* |
|---|---|---|---|
| cabía | había cabido | cupiera | hubiera *o* hubiese |
| cabías | habías cabido | *o* cupiese | cabido |
| cabía | había cabido | cupieras | hubieras *o* hubieses |
| cabíamos | habíamos cabido | *o* cupieses | cabido |
| cabíais | habíais cabido | cupiera | hubiera *o* hubiese |
| cabían | habían cabido | *o* cupiese | cabido |
| | | cupiéramos | hubiéramos *o* hubiésemos |
| | | *o* cupiésemos | cabido |
| | | cupierais | hubierais *o* hubieseis |
| | | *o* cupieseis | cabido |
| | | cupieran | hubieran *o* hubiesen |
| | | *o* cupiesen | cabido |

| *Pret. Simple* | *Pret. Anterior* | *Futuro* | *Futuro Perfecto* |
|---|---|---|---|
| cupe | hube cabido | cupiere | hubiere cabido |
| cupiste | hubiste cabido | cupieres | hubieres cabido |
| cupo | hubo cabido | cupiere | hubiere cabido |
| cupimos | hubimos cabido | cupiéremos | hubiéremos cabido |
| cupisteis | hubisteis cabido | cupiereis | hubiereis cabido |
| cupieron | hubieron cabido | cupieren | hubieren cabido |

| IMPERATIVO |
|---|

| *Presente* |
|---|
| cabe tú |
| quepa él |
| quepamos nosotros |
| cabed vosotros |
| quepan ellos |

| *Futuro* | *Futuro Perfecto* |
|---|---|
| cabré | habré cabido |
| cabrás | habrás cabido |
| cabrá | habrá cabido |
| cabremos | habremos cabido |
| cabréis | habréis cabido |
| cabrán | habrán cabido |

| FORMAS NO PERSONALES | |
|---|---|

| *Condicional* | *Condicional Perf.* | *Infinitivo* | *Infinit. Compuesto* |
|---|---|---|---|
| cabría | habría cabido | caber | haber cabido |
| cabrías | habrías cabido | *Gerundio* | *Gerund. Compuesto* |
| cabría | habría cabido | cabiendo | habiendo cabido |
| cabríamos | habríamos cabido | *Participio* | |
| cabríais | habríais cabido | cabido | |
| cabrían | habrían cabido | | |

# 43 SABER

| INDICATIVO | | | SUBJUNTIVO | |
|---|---|---|---|---|

## INDICATIVO

| Presente | Pret. Perfecto | | Presente | Pret. Perfecto |
|---|---|---|---|---|
| sé | he sabido | | sepa | haya sabido |
| sabes | has sabido | | sepas | hayas sabido |
| sabe | ha sabido | | sepa | haya sabido |
| sabemos | hemos sabido | | sepamos | hayamos sabido |
| sabéis | habéis sabido | | sepáis | hayáis sabido |
| saben | han sabido | | sepan | hayan sabido |

| Pret. Imperf. | Pret. Pluscuamp. | | Pret. Imperf. | Pret. Pluscuamp. |
|---|---|---|---|---|
| sabía | había sabido | | supiera | hubiera o hubiese |
| sabías | habías sabido | | o supiese | sabido |
| sabía | había sabido | | supieras | hubieras o hubieses |
| sabíamos | habíamos sabido | | o supieses | sabido |
| sabíais | habíais sabido | | supiera | hubiera o hubiese |
| sabían | habían sabido | | o supiese | sabido |
| | | | supiéramos | hubiéramos o hubiésemos |
| | | | o supiésemos | sabido |
| | | | supierais | hubierais o hubieseis |
| | | | o supieseis | sabido |
| | | | supieran | hubieran o hubiesen |
| | | | o supiesen | sabido |

| Pret. Simple | Pret. Anterior | | Futuro | Futuro Perfecto |
|---|---|---|---|---|
| supe | hube sabido | | supiere | hubiere sabido |
| supiste | hubiste sabido | | supieres | hubieres sabido |
| supo | hubo sabido | | supiere | hubiere sabido |
| supimos | hubimos sabido | | supiéremos | hubiéremos sabido |
| supisteis | hubisteis sabido | | supiereis | hubiereis sabido |
| supieron | hubieron sabido | | supieren | hubieren sabido |

## IMPERATIVO

| Futuro | Futuro Perfecto | | Presente |
|---|---|---|---|
| sabré | habré sabido | | sabe tú |
| sabrás | habrás sabido | | sepa él |
| sabrá | habrá sabido | | sepamos nosotros |
| sabremos | habremos sabido | | sabed vosotros |
| sabréis | habréis sabido | | sepan ellos |
| sabrán | habrán sabido | | |

## FORMAS NO PERSONALES

| Condicional | Condicional Perf. | | Infinitivo | Infinit. Compuesto |
|---|---|---|---|---|
| sabría | habría sabido | | saber | haber sabido |
| sabrías | habrías sabido | | **Gerundio** | **Gerund. Compuesto** |
| sabría | habría sabido | | sabiendo | habiendo sabido |
| sabríamos | habríamos sabido | | **Participio** | |
| sabríais | habríais sabido | | sabido | |
| sabrían | habrían sabido | | | |

| INDICATIVO | | SUBJUNTIVO | |
|---|---|---|---|
| **Presente** | **Pret. Perfecto** | **Presente** | **Pret. Perfecto** |
| caigo | he caído | caiga | haya caído |
| caes | has caído | caigas | hayas caído |
| cae | ha caído | caiga | haya caído |
| caemos | hemos caído | caigamos | hayamos caído |
| caéis | habéis caído | caigáis | hayáis caído |
| caen | han caído | caigan | hayan caído |
| **Pret. Imperf.** | **Pret. Pluscuamp.** | **Pret. Imperf.** | **Pret. Pluscuamp.** |
| caía | había caído | cayera | hubiera o hubiese |
| caías | habías caído | o cayese | caído |
| caía | había caído | cayeras | hubieras o hubieses |
| caíamos | habíamos caído | o cayeses | caído |
| caíais | habíais caído | cayera | hubiera o hubiese |
| caían | habían caído | o cayese | caído |
| | | cayéramos | hubiéramos o hubiésemos |
| | | o cayésemos | caído |
| | | cayerais | hubierais o hubieseis |
| | | o cayeseis | caído |
| | | cayeran | hubieran o hubiesen |
| | | o cayesen | caído |
| **Pret. Simple** | **Pret. Anterior** | **Futuro** | **Futuro Perfecto** |
| caí | hube caído | cayere | hubiere caído |
| caíste | hubiste caído | cayeres | hubieres caído |
| cayó | hubo caído | cayere | hubiere caído |
| caímos | hubimos caído | cayéremos | hubiéremos caído |
| caísteis | hubisteis caído | cayereis | hubiereis caído |
| cayeron | hubieron caído | cayeren | hubieren caído |

| IMPERATIVO |
|---|
| **Presente** |
| cae tú |
| caiga él |
| caigamos nosotros |
| caed vosotros |
| caigan ellos |

| **Futuro** | **Futuro Perfecto** |
|---|---|
| caeré | habré caído |
| caerás | habrás caído |
| caerá | habrá caído |
| caeremos | habremos caído |
| caeréis | habréis caído |
| caerán | habrán caído |

| FORMAS NO PERSONALES | |
|---|---|
| **Infinitivo** | **Infinit. Compuesto** |
| caer | haber caído |
| **Gerundio** | **Gerund. Compuesto** |
| cayendo | habiendo caído |
| **Participio** | |
| caído | |

| **Condicional** | **Condicional Perf.** |
|---|---|
| caería | habría caído |
| caerías | habrías caído |
| caería | habría caído |
| caeríamos | habríamos caído |
| caeríais | habríais caído |
| caerían | habrían caído |

# 45 TRAER

| INDICATIVO | | SUBJUNTIVO | |
|---|---|---|---|
| **Presente** | **Pret. Perfecto** | **Presente** | **Pret. Perfecto** |
| traigo | he traído | traiga | haya traído |
| traes | has traído | traigas | hayas traído |
| trae | ha traído | traiga | haya traído |
| traemos | hemos traído | traigamos | hayamos traído |
| traéis | habéis traído | traigáis | hayáis traído |
| traen | han traído | traigan | hayan traído |
| **Pret. Imperf.** | **Pret. Pluscuamp.** | **Pret. Imperf.** | **Pret. Pluscuamp.** |
| traía | había traído | trajera | hubiera o hubiese |
| traías | habías traído | o trajese | traído |
| traía | había traído | trajeras | hubieras o hubieses |
| traíamos | habíamos traído | o trajeses | traído |
| traíais | habíais traído | trajera | hubiera o hubiese |
| traían | habían traído | o trajese | traído |
| | | trajéramos | hubiéramos o hubiésemos |
| | | o trajésemos | traído |
| | | trajerais | hubierais o hubieseis |
| | | o trajeseis | traído |
| | | trajeran | hubieran o hubiesen |
| | | o trajesen | traído |
| **Pret. Simple** | **Pret. Anterior** | **Futuro** | **Futuro Perfecto** |
| traje | hube traído | trajere | hubiere traído |
| trajiste | hubiste traído | trajeres | hubieres traído |
| trajo | hubo traído | trajere | hubiere traído |
| trajimos | hubimos traído | trajéremos | hubiéremos traído |
| trajisteis | hubisteis traído | trajereis | hubiereis traído |
| trajeron | hubieron traído | trajeren | hubieren traído |

| IMPERATIVO |
|---|
| **Presente** |
| trae tú |
| traiga él |
| traigamos nosotros |
| traed vosotros |
| traigan ellos |

| **Futuro** | **Futuro Perfecto** |
|---|---|
| traeré | habré traído |
| traerás | habrás traído |
| traerá | habrá traído |
| traeremos | habremos traído |
| traeréis | habréis traído |
| traerán | habrán traído |

| FORMAS NO PERSONALES | |
|---|---|
| **Infinitivo** | **Infinit. Compuesto** |
| traer | haber traído |
| **Gerundio** | **Gerund. Compuesto** |
| trayendo | habiendo traído |
| **Participio** | |
| traído | |

| **Condicional** | **Condicional Perf.** |
|---|---|
| traería | habría traído |
| traerías | habrías traído |
| traería | habría traído |
| traeríamos | habríamos traído |
| traeríais | habríais traído |
| traerían | habrían traído |

## INDICATIVO

| Presente | Pret. Perfecto |
|---|---|
| poseo | he poseído |
| posees | has poseído |
| posee | ha poseído |
| poseemos | hemos poseído |
| poseéis | habéis poseído |
| poseen | han poseído |

| Pret. Imperf. | Pret. Pluscuamp. |
|---|---|
| poseía | había poseído |
| poseías | habías poseído |
| poseía | había poseído |
| poseíamos | habíamos poseído |
| poseíais | habíais poseído |
| poseían | habían poseído |

| Pret. Simple | Pret. Anterior |
|---|---|
| poseí | hube poseído |
| poseíste | hubiste poseído |
| poseyó | hubo poseído |
| poseímos | hubimos poseído |
| poseísteis | hubisteis poseído |
| poseyeron | hubieron poseído |

| Futuro | Futuro Perfecto |
|---|---|
| poseeré | habré poseído |
| poseerás | habrás poseído |
| poseerá | habrá poseído |
| poseeremos | habremos poseído |
| poseeréis | habréis poseído |
| poseerán | habrán poseído |

| Condicional | Condicional Perf. |
|---|---|
| poseería | habría poseído |
| poseerías | habrías poseído |
| poseería | habría poseído |
| poseeríamos | habríamos poseído |
| poseeríais | habríais poseído |
| poseerían | habrían poseído |

## SUBJUNTIVO

| Presente | Pret. Perfecto |
|---|---|
| posea | haya poseído |
| poseas | hayas poseído |
| posea | haya poseído |
| poseamos | hayamos poseído |
| poseáis | hayáis poseído |
| posean | hayan poseído |

| Pret. Imperf. | Pret. Pluscuamp. |
|---|---|
| poseyera | hubiera o hubiese |
| o poseyese | poseído |
| poseyeras | hubieras o hubieses |
| o poseyeses | poseído |
| poseyera | hubiera o hubiese |
| o poseyese | poseído |
| poseyéramos | hubiéramos o hubiésemos |
| o poseyésemos | poseído |
| poseyerais | hubierais o hubieseis |
| o poseyeseis | poseído |
| poseyeran | hubieran o hubiesen |
| o poseyesen | poseído |

| Futuro | Futuro Perfecto |
|---|---|
| poseyere | hubiere poseído |
| poseyeres | hubieres poseído |
| poseyere | hubiere poseído |
| poseyéremos | hubiéremos poseído |
| poseyereis | hubiereis poseído |
| poseyeren | hubieren poseído |

## IMPERATIVO

| Presente |
|---|
| posee tú |
| posea él |
| poseamos nosotros |
| poseed vosotros |
| posean ellos |

## FORMAS NO PERSONALES

| Infinitivo | Infinit. Compuesto |
|---|---|
| poseer | haber poseído |
| **Gerundio** | **Gerund. Compuesto** |
| poseyendo | habiendo poseído |
| **Participio** | |
| poseído | |

| INDICATIVO | | SUBJUNTIVO | |
|---|---|---|---|
| *Presente* | *Pret. Perfecto* | *Presente* | *Pret. Perfecto* |
| veo | he visto | vea | haya visto |
| ves | has visto | veas | hayas visto |
| ve | ha visto | vea | haya visto |
| vemos | hemos visto | veamos | hayamos visto |
| veis | habéis visto | veáis | hayáis visto |
| ven | han visto | vean | hayan visto |
| *Pret. Imperf.* | *Pret. Pluscuamp.* | *Pret. Imperf.* | *Pret. Pluscuamp.* |
| veía | había visto | viera | hubiera *o* hubiese |
| veías | habías visto | *o* viese | visto |
| veía | había visto | vieras | hubieras *o* hubieses |
| veíamos | habíamos visto | *o* vieses | visto |
| veíais | habíais visto | viera | hubiera *o* hubiese |
| veían | habían visto | *o* viese | visto |
| | | viéramos | hubiéramos *o* hubiésemos |
| | | *o* viésemos | visto |
| | | vierais | hubierais *o* hubieseis |
| | | *o* vieseis | visto |
| | | vieran | hubieran *o* hubiesen |
| | | *o* viesen | visto |
| *Pret. Simple* | *Pret. Anterior* | *Futuro* | *Futuro Perfecto* |
| vi | hube visto | viere | hubiere visto |
| viste | hubiste visto | vieres | hubieres visto |
| vio | hubo visto | viere | hubiere visto |
| vimos | hubimos visto | viéremos | hubiéremos visto |
| visteis | hubisteis visto | viereis | hubiereis visto |
| vieron | hubieron visto | vieren | hubieren visto |

| IMPERATIVO |
|---|
| *Presente* |
| ve tú |
| vea él |
| veamos nosotros |
| ved vosotros |
| vean ellos |

| *Futuro* | *Futuro Perfecto* |
|---|---|
| veré | habré visto |
| verás | habrás visto |
| verá | habrá visto |
| veremos | habremos visto |
| veréis | habréis visto |
| verán | habrán visto |

| FORMAS NO PERSONALES | |
|---|---|
| *Infinitivo* | *Infinit. Compuesto* |
| ver | haber visto |
| *Gerundio* | *Gerund. Compuesto* |
| viendo | habiendo visto |
| *Participio* | |
| visto | |

| *Condicional* | *Condicional Perf.* |
|---|---|
| vería | habría visto |
| verías | habrías visto |
| vería | habría visto |
| veríamos | habríamos visto |
| veríais | habríais visto |
| verían | habrían visto |

## 48 DAR

| INDICATIVO | | SUBJUNTIVO | |
|---|---|---|---|
| *Presente* | *Pret. Perfecto* | *Presente* | *Pret. Perfecto* |
| doy | he dado | dé | haya dado |
| das | has dado | des | hayas dado |
| da | ha dado | dé | haya dado |
| damos | hemos dado | demos | hayamos dado |
| dais | habéis dado | deis | hayáis dado |
| dan | han dado | den | hayan dado |
| *Pret. Imperf.* | *Pret. Pluscuamp.* | *Pret. Imperf.* | *Pret. Pluscuamp.* |
| daba | había dado | diera | hubiera *o* hubiese |
| dabas | habías dado | *o* diese | dado |
| daba | había dado | dieras | hubieras *o* hubieses |
| dábamos | habíamos dado | *o* dieses | dado |
| dabais | habíais dado | diera | hubiera *o* hubiese |
| daban | habían dado | *o* diese | dado |
| | | diéramos | hubiéramos *o* hubiésemos |
| | | *o* diésemos | dado |
| | | dierais | hubierais *o* hubieseis |
| | | *o* dieseis | dado |
| | | dieran | hubieran *o* hubiesen |
| | | *o* diesen | dado |
| *Pret. Simple* | *Pret. Anterior* | *Futuro* | *Futuro Perfecto* |
| di | hube dado | diere | hubiere dado |
| diste | hubiste dado | dieres | hubieres dado |
| dio | hubo dado | diere | hubiere dado |
| dimos | hubimos dado | diéremos | hubiéremos dado |
| disteis | hubisteis dado | diereis | hubiereis dado |
| dieron | hubieron dado | dieren | hubieren dado |

| | | IMPERATIVO |
|---|---|---|
| *Futuro* | *Futuro Perfecto* | *Presente* |
| daré | habré dado | da tú |
| darás | habrás dado | dé él |
| dará | habrá dado | demos nosotros |
| daremos | habremos dado | dad vosotros |
| daréis | habréis dado | den ellos |
| darán | habrán dado | |

| | | FORMAS NO PERSONALES | |
|---|---|---|---|
| *Condicional* | *Condicional Perf.* | *Infinitivo* | *Infinit. Compuesto* |
| daría | habría dado | dar | haber dado |
| darías | habrías dado | *Gerundio* | *Gerund. Compuesto* |
| daría | habría dado | dando | habiendo dado |
| daríamos | habríamos dado | *Participio* | |
| daríais | habríais dado | dado | |
| darían | habrían dado | | |

# 49 ESTAR

| INDICATIVO | | SUBJUNTIVO | |
|---|---|---|---|
| **Presente** | **Pret. Perfecto** | **Presente** | **Pret. Perfecto** |
| estoy | he estado | esté | haya estado |
| estás | has estado | estés | hayas estado |
| está | ha estado | esté | haya estado |
| estamos | hemos estado | estemos | hayamos estado |
| estáis | habéis estado | estéis | hayáis estado |
| están | han estado | estén | hayan estado |
| **Pret. Imperf.** | **Pret. Pluscuamp.** | **Pret. Imperf.** | **Pret. Pluscuamp.** |
| estaba | había estado | estuviera | hubiera o hubiese |
| estabas | habías estado | o estuviese | estado |
| estaba | había estado | estuvieras | hubieras o hubieses |
| estábamos | habíamos estado | o estuvieses | estado |
| estabais | habíais estado | estuviera | hubiera o hubiese |
| estaban | habían estado | o estuviese | estado |
| | | estuviéramos | hubiéramos o hubiésemos |
| | | o estuviésemos | estado |
| | | estuvierais | hubierais o hubieseis |
| | | o estuvieseis | estado |
| | | estuvieran | hubieran o hubiesen |
| | | o estuviesen | estado |
| **Pret. Simple** | **Pret. Anterior** | **Futuro** | **Futuro Perfecto** |
| estuve | hube estado | estuviere | hubiere estado |
| estuviste | hubiste estado | estuvieres | hubieres estado |
| estuvo | hubo estado | estuviere | hubiere estado |
| estuvimos | hubimos estado | estuviéremos | hubiéremos estado |
| estuvisteis | hubisteis estado | estuviereis | hubiereis estado |
| estuvieron | hubieron estado | estuvieren | hubieren estado |

| IMPERATIVO |
|---|
| **Presente** |
| está tú |
| esté él |
| estemos nosotros |
| estad vosotros |
| estén ellos |

| **Futuro** | **Futuro Perfecto** |
|---|---|
| estaré | habré estado |
| estarás | habrás estado |
| estará | habrá estado |
| estaremos | habremos estado |
| estaréis | habréis estado |
| estarán | habrán estado |

| FORMAS NO PERSONALES | |
|---|---|
| **Infinitivo** | **Infinit. Compuesto** |
| estar | haber estado |
| **Gerundio** | **Gerund. Compuesto** |
| estando | habiendo estado |
| **Participio** | |
| estado | |

| **Condicional** | **Condicional Perf.** |
|---|---|
| estaría | habría estado |
| estarías | habrías estado |
| estaría | habría estado |
| estaríamos | habríamos estado |
| estaríais | habríais estado |
| estarían | habrían estado |

| INDICATIVO | | SUBJUNTIVO | |
|---|---|---|---|
| *Presente* | *Pret. Perfecto* | *Presente* | *Pret. Perfecto* |
| voy | he ido | vaya | haya ido |
| vas | has ido | vayas | hayas ido |
| va | ha ido | vaya | haya ido |
| vamos | hemos ido | vayamos | hayamos ido |
| vais | habéis ido | vayáis | hayáis ido |
| van | han ido | vayan | hayan ido |
| *Pret. Imperf.* | *Pret. Pluscuamp.* | *Pret. Imperf.* | *Pret. Pluscuamp.* |
| iba | había ido | fuera | hubiera *o* hubiese |
| ibas | habías ido | *o* fuese | ido |
| iba | había ido | fueras | hubieras *o* hubieses |
| íbamos | habíamos ido | *o* fueses | ido |
| ibais | habíais ido | fuera | hubiera *o* hubiese |
| iban | habían ido | *o* fuese | ido |
| | | fuéramos | hubiéramos *o* hubiésemos |
| | | *o* fuésemos | ido |
| | | fuerais | hubierais *o* hubieseis |
| | | *o* fueseis | ido |
| | | fueran | hubieran *o* hubiesen |
| | | *o* fuesen | ido |
| *Pret. Simple* | *Pret. Anterior* | *Futuro* | *Futuro Perfecto* |
| fui | hube ido | fuere | hubiere ido |
| fuiste | hubiste ido | fueres | hubieres ido |
| fue | hubo ido | fuere | hubiere ido |
| fuimos | hubimos ido | fuéremos | hubiéremos ido |
| fuisteis | hubisteis ido | fuereis | hubiereis ido |
| fueron | hubieron ido | fueren | hubieren ido |

| IMPERATIVO |
|---|
| *Presente* |
| ve tú |
| vaya él |
| vayamos nosotros |
| id vosotros |
| vayan ellos |

| *Futuro* | *Futuro Perfecto* |
|---|---|
| iré | habré ido |
| irás | habrás ido |
| irá | habrá ido |
| iremos | habremos ido |
| iréis | habréis ido |
| irán | habrán ido |

| FORMAS NO PERSONALES | |
|---|---|
| *Infinitivo* | *Infinit. Compuesto* |
| ir | haber ido |
| *Gerundio* | *Gerund. Compuesto* |
| yendo | habiendo ido |
| *Participio* | |
| ido | |

| *Condicional* | *Condicional Perf.* |
|---|---|
| iría | habría ido |
| irías | habrías ido |
| iría | habría ido |
| iríamos | habríamos ido |
| iríais | habríais ido |
| irían | habrían ido |

## 51 ANDAR

| INDICATIVO | | SUBJUNTIVO | |
|---|---|---|---|
| *Presente* | *Pret. Perfecto* | *Presente* | *Pret. Perfecto* |
| ando | he andado | ande | haya andado |
| andas | has andado | andes | hayas andado |
| anda | ha andado | ande | haya andado |
| andamos | hemos andado | andemos | hayamos andado |
| andáis | habéis andado | andéis | hayáis andado |
| andan | han andado | anden | hayan andado |
| *Pret. Imperf.* | *Pret. Pluscuamp.* | *Pret. Imperf.* | *Pret. Pluscuamp.* |
| andaba | había andado | anduviera | hubiera *o* hubiese |
| andabas | habías andado | *o* anduviese | andado |
| andaba | había andado | anduvieras | hubieras *o* hubieses |
| andábamos | habíamos andado | *o* anduvieses | andado |
| andabais | habíais andado | anduviera | hubiera *o* hubiese |
| andaban | habían andado | *o* anduviese | andado |
| | | anduviéramos | hubiéramos *o* hubiésemos |
| | | *o* anduviésemos | andado |
| | | anduvierais | hubierais *o* hubieseis |
| | | *o* anduvieseis | andado |
| | | anduvieran | hubieran *o* hubiesen |
| | | *o* anduviesen | andado |
| *Pret. Simple* | *Pret. Anterior* | *Futuro* | *Futuro Perfecto* |
| anduve | hube andado | anduviere | hubiere andado |
| anduviste | hubiste andado | anduvieres | hubieres andado |
| anduvo | hubo andado | anduviere | hubiere andado |
| anduvimos | hubimos andado | anduviéremos | hubiéremos andado |
| anduvisteis | hubisteis andado | anduviereis | hubiereis andado |
| anduvieron | hubieron andado | anduvieren | hubieren andado |

| IMPERATIVO |
|---|
| *Presente* |
| anda tú |
| ande él |
| andemos nosotros |
| andad vosotros |
| anden ellos |

| *Futuro* | *Futuro Perfecto* |
|---|---|
| andaré | habré andado |
| andarás | habrás andado |
| andará | habrá andado |
| andaremos | habremos andado |
| andaréis | habréis andado |
| andarán | habrán andado |

| FORMAS NO PERSONALES | |
|---|---|
| *Infinitivo* | *Infinit. Compuesto* |
| andar | haber andado |
| *Gerundio* | *Gerund. Compuesto* |
| andando | habiendo andado |
| *Participio* | |
| andado | |

| *Condicional* | *Condicional Perf.* |
|---|---|
| andaría | habría andado |
| andarías | habrías andado |
| andaría | habría andado |
| andaríamos | habríamos andado |
| andaríais | habríais andado |
| andarían | habrían andado |

## 52 EMBAIR

| INDICATIVO | | SUBJUNTIVO | |
|---|---|---|---|
| **Presente** | **Pret. Perfecto** | **Presente** | **Pret. Perfecto** |
| — | he embaído | — | haya embaído |
| — | has embaído | — | hayas embaído |
| — | ha embaído | — | haya embaído |
| embaímos | hemos embaído | — | hayamos embaído |
| embaís | habéis embaído | — | hayáis embaído |
| — | han embaído | — | hayan embaído |
| **Pret. Imperf.** | **Pret. Pluscuamp.** | **Pret. Imperf.** | **Pret. Pluscuamp.** |
| embaía | había embaído | embayera | hubiera *o* hubiese |
| embaías | habías embaído | *o* embayese | embaído |
| embaía | había embaído | embayeras | hubieras *o* hubieses |
| embaíamos | habíamos embaído | *o* embayeses | embaído |
| embaíais | habíais embaído | embayera | hubiera *o* hubiese |
| embaían | habían embaído | *o* embayese | embaído |
| | | embayéramos | hubiéramos *o* hubiésemos |
| | | *o* embayésemos | embaído |
| | | embayerais | hubierais *o* hubieseis |
| | | *o* embayeseis | embaído |
| | | embayeran | hubieran *o* hubiesen |
| | | *o* embayesen | embaído |
| **Pret. Simple** | **Pret. Anterior** | **Futuro** | **Futuro Perfecto** |
| embaí | hube embaído | embayere | hubiere embaído |
| embaíste | hubiste embaído | embayeres | hubieres embaído |
| embayó | hubo embaído | embayere | hubiere embaído |
| embaímos | hubimos embaído | embayéremos | hubiéremos embaído |
| embaísteis | hubisteis embaído | embayereis | hubiereis embaído |
| embayeron | hubieron embaído | embayeren | hubieren embaído |

| | | IMPERATIVO |
|---|---|---|

| **Futuro** | **Futuro Perfecto** | **Presente** |
|---|---|---|
| embairé | habré embaído | — |
| embairás | habrás embaído | — |
| embairá | habrá embaído | — |
| embairemos | habremos embaído | embaíd vosotros |
| embairéis | habréis embaído | — |
| embairán | habrán embaído | |

| | | FORMAS NO PERSONALES |
|---|---|---|

| **Condicional** | **Condicional Perf.** | **Infinitivo** | **Infinit. Compuesto** |
|---|---|---|---|
| embairía | habría embaído | embaír | haber embaído |
| embairías | habrías embaído | **Gerundio** | **Gerund. Compuesto** |
| embairía | habría embaído | embayendo | habiendo embaído |
| embairíamos | habríamos embaído | **Participio** | |
| embairíais | habríais embaído | embaído | |
| embairían | habrían embaído | | |

# 53 ABOLIR

| INDICATIVO | | SUBJUNTIVO | |
|---|---|---|---|
| **Presente** | **Pret. Perfecto** | **Presente** | **Pret. Perfecto** |
| — | he abolido | — | haya abolido |
| — | has abolido | — | hayas abolido |
| — | ha abolido | — | haya abolido |
| abolimos | hemos abolido | — | hayamos abolido |
| abolís | habéis abolido | — | hayáis abolido |
| — | han abolido | — | hayan abolido |
| **Pret. Imperf.** | **Pret. Pluscuamp.** | **Pret. Imperf.** | **Pret. Pluscuamp.** |
| abolía | había abolido | aboliera | hubiera o hubiese |
| abolías | habías abolido | o aboliese | abolido |
| abolía | había abolido | abolieras | hubieras o hubieses |
| abolíamos | habíamos abolido | o abolieses | abolido |
| abolíais | habíais abolido | aboliera | hubiera o hubiese |
| abolían | habían abolido | o aboliese | abolido |
| | | aboliéramos | hubiéramos o hubiésemos |
| | | o aboliésemos | abolido |
| | | abolierais | hubierais o hubieseis |
| | | o abolieseis | abolido |
| | | abolieran | hubieran o hubiesen |
| | | o aboliesen | abolido |
| **Pret. Simple** | **Pret. Anterior** | **Futuro** | **Futuro Perfecto** |
| abolí | hube abolido | aboliere | hubiere abolido |
| aboliste | hubiste abolido | abolieres | hubieres abolido |
| abolió | hubo abolido | aboliere | hubiere abolido |
| abolimos | hubimos abolido | aboliéremos | hubiéremos abolido |
| abolisteis | hubisteis abolido | aboliereis | hubiereis abolido |
| abolieron | hubieron abolido | abolieren | hubieren abolido |

| IMPERATIVO |
|---|
| **Presente** |
| — |
| — |
| — |
| abolid vosotros |
| — |

| **Futuro** | **Futuro Perfecto** |
|---|---|
| aboliré | habré abolido |
| abolirás | habrás abolido |
| abolirá | habrá abolido |
| aboliremos | habremos abolido |
| aboliréis | habréis abolido |
| abolirán | habrán abolido |

## FORMAS NO PERSONALES

| **Condicional** | **Condicional Perf.** | **Infinitivo** | **Infinit. Compuesto** |
|---|---|---|---|
| aboliría | habría abolido | abolir | haber abolido |
| abolirías | habrías abolido | **Gerundio** | **Gerund. Compuesto** |
| aboliría | habría abolido | aboliendo | habiendo abolido |
| aboliríamos | habríamos abolido | | |
| aboliríais | habríais abolido | **Participio** | |
| abolirían | habrían abolido | abolido | |

## 54 ATACAR

| INDICATIVO | | SUBJUNTIVO | |
|---|---|---|---|
| **Presente** | **Pret. Perfecto** | **Presente** | **Pret. Perfecto** |
| ataco | he atacado | ataque | haya atacado |
| atacas | has atacado | ataques | hayas atacado |
| ataca | ha atacado | ataque | haya atacado |
| atacamos | hemos atacado | ataquemos | hayamos atacado |
| atacáis | habéis atacado | ataquéis | hayáis atacado |
| atacan | han atacado | ataquen | hayan atacado |
| **Pret. Imperf.** | **Pret. Pluscuamp.** | **Pret. Imperf.** | **Pret. Pluscuamp.** |
| atacaba | había atacado | atacara | hubiera *o* hubiese |
| atacabas | habías atacado | *o* atacase | atacado |
| atacaba | había atacado | atacaras | hubieras *o* hubieses |
| atacábamos | habíamos atacado | *o* atacases | atacado |
| atacabais | habíais atacado | atacara | hubiera *o* hubiese |
| atacaban | habían atacado | *o* atacase | atacado |
| | | atacáramos | hubiéramos *o* hubiésemos |
| | | *o* atacásemos | atacado |
| | | atacarais | hubierais *o* hubieseis |
| | | *o* atacaseis | atacado |
| | | atacaran | hubieran *o* hubiesen |
| | | *o* atacasen | atacado |
| **Pret. Simple** | **Pret. Anterior** | **Futuro** | **Futuro Perfecto** |
| ataqué | hube atacado | atacare | hubiere atacado |
| atacaste | hubiste atacado | atacares | hubieres atacado |
| atacó | hubo atacado | atacare | hubiere atacado |
| atacamos | hubimos atacado | atacáremos | hubiéremos atacado |
| atacasteis | hubisteis atacado | atacareis | hubiereis atacado |
| atacaron | hubieron atacado | atacaren | hubieren atacado |

| IMPERATIVO |
|---|
| **Presente** |
| ataca tú |
| ataque él |
| ataquemos nosotros |
| atacad vosotros |
| ataquen ellos |

| **Futuro** | **Futuro Perfecto** |
|---|---|
| atacaré | habré atacado |
| atacarás | habrás atacado |
| atacará | habrá atacado |
| atacaremos | habremos atacado |
| atacaréis | habréis atacado |
| atacarán | habrán atacado |

| FORMAS NO PERSONALES | |
|---|---|
| **Infinitivo** | **Infinit. Compuesto** |
| atacar | haber atacado |
| **Gerundio** | **Gerund. Compuesto** |
| atacando | habiendo atacado |
| **Participio** | |
| atacado | |

| **Condicional** | **Condicional Perf.** |
|---|---|
| atacaría | habría atacado |
| atacarías | habrías atacado |
| atacaría | habría atacado |
| atacaríamos | habríamos atacado |
| atacaríais | habríais atacado |
| atacarían | habrían atacado |

# 55 PAGAR

| INDICATIVO | | SUBJUNTIVO | |
|---|---|---|---|
| *Presente* | *Pret. Perfecto* | *Presente* | *Pret. Perfecto* |
| pago | he pagado | pague | haya pagado |
| pagas | has pagado | pagues | hayas pagado |
| paga | ha pagado | pague | haya pagado |
| pagamos | hemos pagado | paguemos | hayamos pagado |
| pagáis | habéis pagado | paguéis | hayáis pagado |
| pagan | han pagado | paguen | hayan pagado |
| *Pret. Imperf.* | *Pret. Pluscuamp.* | *Pret. Imperf.* | *Pret. Pluscuamp.* |
| pagaba | había pagado | pagara | hubiera *o* hubiese |
| pagabas | habías pagado | *o* pagase | pagado |
| pagaba | había pagado | pagaras | hubieras *o* hubieses |
| pagábamos | habíamos pagado | *o* pagases | pagado |
| pagabais | habíais pagado | pagara | hubiera *o* hubiese |
| pagaban | habían pagado | *o* pagase | pagado |
| | | pagáramos | hubiéramos *o* hubiésemos |
| | | *o* pagásemos | pagado |
| | | pagarais | hubierais *o* hubieseis |
| | | *o* pagaseis | pagado |
| | | pagaran | hubieran *o* hubiesen |
| | | *o* pagasen | pagado |
| *Pret. Simple* | *Pret. Anterior* | *Futuro* | *Futuro Perfecto* |
| pagué | hube pagado | pagare | hubiere pagado |
| pagaste | hubiste pagado | pagares | hubieres pagado |
| pagó | hubo pagado | pagare | hubiere pagado |
| pagamos | hubimos pagado | pagáremos | hubiéremos pagado |
| pagasteis | hubisteis pagado | pagareis | hubiereis pagado |
| pagaron | hubieron pagado | pagaren | hubieren pagado |

| IMPERATIVO |
|---|
| *Presente* |
| paga tú |
| pague él |
| paguemos nosotros |
| pagad vosotros |
| paguen ellos |

| *Futuro* | *Futuro Perfecto* |
|---|---|
| pagaré | habré pagado |
| pagarás | habrás pagado |
| pagará | habrá pagado |
| pagaremos | habremos pagado |
| pagaréis | habréis pagado |
| pagarán | habrán pagado |

| FORMAS NO PERSONALES | |
|---|---|
| *Infinitivo* | *Infinit. Compuesto* |
| pagar | haber pagado |
| *Gerundio* | *Gerund. Compuesto* |
| pagando | habiendo pagado |
| *Participio* | |
| pagado | |

| *Condicional* | *Condicional Perf.* |
|---|---|
| pagaría | habría pagado |
| pagarías | habrías pagado |
| pagaría | habría pagado |
| pagaríamos | habríamos pagado |
| pagaríais | habríais pagado |
| pagarían | habrían pagado |

| INDICATIVO | | SUBJUNTIVO | |
|---|---|---|---|
| *Presente* | *Pret. Perfecto* | *Presente* | *Pret. Perfecto* |
| cazo | he cazado | cace | haya cazado |
| cazas | has cazado | caces | hayas cazado |
| caza | ha cazado | cace | haya cazado |
| cazamos | hemos cazado | cacemos | hayamos cazado |
| cazáis | habéis cazado | cacéis | hayáis cazado |
| cazan | han cazado | cacen | hayan cazado |
| *Pret. Imperf.* | *Pret. Pluscuamp.* | *Pret. Imperf.* | *Pret. Pluscuamp.* |
| cazaba | había cazado | cazara | hubiera *o* hubiese |
| cazabas | habías cazado | *o* cazase | cazado |
| cazaba | había cazado | cazaras | hubieras *o* hubieses |
| cazábamos | habíamos cazado | *o* cazases | cazado |
| cazabais | habíais cazado | cazara | hubiera *o* hubiese |
| cazaban | habían cazado | *o* cazase | cazado |
| | | cazáramos | hubiéramos *o* hubiésemos |
| | | *o* cazásemos | cazado |
| | | cazarais | hubierais *o* hubieseis |
| | | *o* cazaseis | cazado |
| | | cazaran | hubieran *o* hubiesen |
| | | *o* cazasen | cazado |
| *Pret. Simple* | *Pret. Anterior* | *Futuro* | *Futuro Perfecto* |
| cacé | hube cazado | cazare | hubiere cazado |
| cazaste | hubiste cazado | cazares | hubieres cazado |
| cazó | hubo cazado | cazare | hubiere cazado |
| cazamos | hubimos cazado | cazáremos | hubiéremos cazado |
| cazasteis | hubisteis cazado | cazareis | hubiereis cazado |
| cazaron | hubieron cazado | cazaren | hubieren cazado |

| IMPERATIVO |
|---|
| *Presente* |
| caza tú |
| cace él |
| cacemos nosotros |
| cazad vosotros |
| cacen ellos |

| *Futuro* | *Futuro Perfecto* |
|---|---|
| cazaré | habré cazado |
| cazarás | habrás cazado |
| cazará | habrá cazado |
| cazaremos | habremos cazado |
| cazaréis | habréis cazado |
| cazarán | habrán cazado |

| FORMAS NO PERSONALES | |
|---|---|
| *Infinitivo* | *Infinit. Compuesto* |
| cazar | haber cazado |
| *Gerundio* | *Gerund. Compuesto* |
| cazando | habiendo cazado |
| *Participio* | |
| cazado | |

| *Condicional* | *Condicional Perf.* |
|---|---|
| cazaría | habría cazado |
| cazarías | habrías cazado |
| cazaría | habría cazado |
| cazaríamos | habríamos cazado |
| cazaríais | habríais cazado |
| cazarían | habrían cazado |

| INDICATIVO | | SUBJUNTIVO | |
|---|---|---|---|
| *Presente* | *Pret. Perfecto* | *Presente* | *Pret. Perfecto* |
| guío | he guiado | guíe | haya guiado |
| guías | has guiado | guíes | hayas guiado |
| guía | ha guiado | guíe | haya guiado |
| guiamos | hemos guiado | guiemos | hayamos guiado |
| guiáis | habéis guiado | guiéis | hayáis guiado |
| guían | han guiado | guíen | hayan guiado |
| *Pret. Imperf.* | *Pret. Pluscuamp.* | *Pret. Imperf.* | *Pret. Pluscuamp.* |
| guiaba | había guiado | guiara | hubiera *o* hubiese |
| guiabas | habías guiado | *o* guiase | guiado |
| guiaba | había guiado | guiaras | hubieras *o* hubieses |
| guiábamos | habíamos guiado | *o* guiases | guiado |
| guiabais | habíais guiado | guiara | hubiera *o* hubiese |
| guiaban | habían guiado | *o* guiase | guiado |
| | | guiáramos | hubiéramos *o* hubiésemos |
| | | *o* guiásemos | guiado |
| | | guiarais | hubierais *o* hubieseis |
| | | *o* guiaseis | guiado |
| | | guiaran | hubieran *o* hubiesen |
| | | *o* guiasen | guiado |
| *Pret. Simple* | *Pret. Anterior* | *Futuro* | *Futuro Perfecto* |
| guié | hube guiado | guiare | hubiere guiado |
| guiaste | hubiste guiado | guiares | hubieres guiado |
| guió | hubo guiado | guiare | hubiere guiado |
| guiamos | hubimos guiado | guiáremos | hubiéremos guiado |
| guiasteis | hubisteis guiado | guiareis | hubiereis guiado |
| guiaron | hubieron guiado | guiaren | hubieren guiado |

| IMPERATIVO |
|---|
| *Presente* |
| guía tú |
| guíe él |
| guiemos nosotros |
| guiad vosotros |
| guíen ellos |

| *Futuro* | *Futuro Perfecto* |
|---|---|
| guiaré | habré guiado |
| guiarás | habrás guiado |
| guiará | habrá guiado |
| guiaremos | habremos guiado |
| guiaréis | habréis guiado |
| guiarán | habrán guiado |

| FORMAS NO PERSONALES | |
|---|---|
| *Condicional* · *Condicional Perf.* | |
| *Infinitivo* | *Infinit. Compuesto* |
| guiar | haber guiado |
| *Gerundio* | *Gerund. Compuesto* |
| guiando | habiendo guiado |
| *Participio* | |
| guiado | |

| *Condicional* | *Condicional Perf.* |
|---|---|
| guiaría | habría guiado |
| guiarías | habrías guiado |
| guiaría | habría guiado |
| guiaríamos | habríamos guiado |
| guiaríais | habríais guiado |
| guiarían | habrían guiado |

# 58 ACTUAR

| INDICATIVO | | SUBJUNTIVO | |
|---|---|---|---|
| *Presente* | *Pret. Perfecto* | *Presente* | *Pret. Perfecto* |
| actúo | he actuado | actúe | haya actuado |
| actúas | has actuado | actúes | hayas actuado |
| actúa | ha actuado | actúe | haya actuado |
| actuamos | hemos actuado | actuemos | hayamos actuado |
| actuáis | habéis actuado | actuéis | hayáis actuado |
| actúan | han actuado | actúen | hayan actuado |
| *Pret. Imperf.* | *Pret. Pluscuamp.* | *Pret. Imperf.* | *Pret. Pluscuamp.* |
| actuaba | había actuado | actuara | hubiera *o* hubiese |
| actuabas | habías actuado | *o* actuase | actuado |
| actuaba | había actuado | actuaras | hubieras *o* hubieses |
| actuábamos | habíamos actuado | *o* actuases | actuado |
| actuabais | habíais actuado | actuara | hubiera *o* hubiese |
| actuaban | habían actuado | *o* actuase | actuado |
| | | actuáramos | hubiéramos *o* hubiésemos |
| | | *o* actuásemos | actuado |
| | | actuarais | hubierais *o* hubieseis |
| | | *o* actuaseis | actuado |
| | | actuaran | hubieran *o* hubiesen |
| | | *o* actuasen | actuado |
| *Pret. Simple* | *Pret. Anterior* | *Futuro* | *Futuro Perfecto* |
| actué | hube actuado | actuare | hubiere actuado |
| actuaste | hubiste actuado | actuares | hubieres actuado |
| actuó | hubo actuado | actuare | hubiere actuado |
| actuamos | hubimos actuado | actuáremos | hubiéremos actuado |
| actuasteis | hubisteis actuado | actuareis | hubiereis actuado |
| actuaron | hubieron actuado | actuaren | hubieren actuado |

| IMPERATIVO |
|---|
| *Presente* |

| *Futuro* | *Futuro Perfecto* | *Presente* |
|---|---|---|
| actuaré | habré actuado | actúa tú |
| actuarás | habrás actuado | actúe él |
| actuará | habrá actuado | actuemos nosotros |
| actuaremos | habremos actuado | actuad vosotros |
| actuaréis | habréis actuado | actúen ellos |
| actuarán | habrán actuado | |

| FORMAS NO PERSONALES |
|---|

| *Condicional* | *Condicional Perf.* | *Infinitivo* | *Infinit. Compuesto* |
|---|---|---|---|
| actuaría | habría actuado | actuar | haber actuado |
| actuarías | habrías actuado | *Gerundio* | *Gerund. Compuesto* |
| actuaría | habría actuado | actuando | habiendo actuado |
| actuaríamos | habríamos actuado | *Participio* | |
| actuaríais | habríais actuado | actuado | |
| actuarían | habrían actuado | | |

| INDICATIVO | | SUBJUNTIVO | |
|---|---|---|---|
| **Presente** | **Pret. Perfecto** | **Presente** | **Pret. Perfecto** |
| averiguo | he averiguado | averigüe | haya averiguado |
| averiguas | has averiguado | averigües | hayas averiguado |
| averigua | ha averiguado | averigüe | haya averiguado |
| averiguamos | hemos averiguado | averigüemos | hayamos averiguado |
| averiguáis | habéis averiguado | averigüéis | hayáis averiguado |
| averiguan | han averiguado | averigüen | hayan averiguado |
| **Pret. Imperf.** | **Pret. Pluscuamp.** | **Pret. Imperf.** | **Pret. Pluscuamp.** |
| averiguaba | había averiguado | averiguara | hubiera o hubiese |
| averiguabas | habías averiguado | o averiguase | averiguado |
| averiguaba | había averiguado | averiguaras | hubieras o hubieses |
| averiguábamos | habíamos averiguado | o averiguases | averiguado |
| averiguabais | habíais averiguado | averiguara | hubiera o hubiese |
| averiguaban | habían averiguado | o averiguase | averiguado |
| | | averiguáramos | hubiéramos o hubiésemos |
| | | o averiguásemos | averiguado |
| | | averiguarais | hubierais o hubieseis |
| | | o averiguaseis | averiguado |
| | | averiguaran | hubieran o hubiesen |
| | | o averiguasen | averiguado |
| **Pret. Simple** | **Pret. Anterior** | **Futuro** | **Futuro Perfecto** |
| averigüé | hube averiguado | averiguare | hubiere averiguado |
| averiguaste | hubiste averiguado | averiguares | hubieres averiguado |
| averiguó | hubo averiguado | averiguare | hubiere averiguado |
| averiguamos | hubimos averiguado | averiguáremos | hubiéremos averiguado |
| averiguasteis | hubisteis averiguado | averiguareis | hubiereis averiguado |
| averiguaron | hubieron averiguado | averiguaren | hubieren averiguado |

| | | IMPERATIVO |
|---|---|---|
| **Futuro** | **Futuro Perfecto** | **Presente** |
| averiguaré | habré averiguado | averigua tú |
| averiguarás | habrás averiguado | averigüe él |
| averiguará | habrá averiguado | averigüemos nosotros |
| averiguaremos | habremos averiguado | averiguad vosotros |
| averiguaréis | habréis averiguado | averigüen ellos |
| averiguarán | habrán averiguado | |

| | | FORMAS NO PERSONALES | |
|---|---|---|---|
| **Condicional** | **Condicional Perf.** | **Infinitivo** | **Infinit. Compuesto** |
| averiguaría | habría averiguado | averiguar | haber averiguado |
| averiguarías | habrías averiguado | **Gerundio** | **Gerund. Compuesto** |
| averiguaría | habría averiguado | averiguando | habiendo averiguado |
| averiguaríamos | habríamos averiguado | | |
| averiguaríais | habríais averiguado | **Participio** | |
| averiguarían | habrían averiguado | averiguado | |

| INDICATIVO | | SUBJUNTIVO | |
|---|---|---|---|
| **Presente** | **Pret. Perfecto** | **Presente** | **Pret. Perfecto** |
| aíro | he airado | aíre | haya airado |
| aíras | has airado | aíres | hayas airado |
| aíra | ha airado | aíre | haya airado |
| airamos | hemos airado | airemos | hayamos airado |
| airáis | habéis airado | airéis | hayáis airado |
| aíran | han airado , | aíren | hayan airado |
| **Pret. Imperf.** | **Pret. Pluscuamp.** | **Pret. Imperf.** | **Pret. Pluscuamp.** |
| airaba | había airado | airara | hubiera o hubiese |
| airabas | habías airado | o airase | airado |
| airaba | había airado | airaras | hubieras o hubieses |
| airábamos | habíamos airado | o airases | airado |
| airabais | habíais airado | airara | hubiera o hubiese |
| airaban | habían airado | o airase | airado |
| | | airáramos | hubiéramos o hubiésemos |
| | | o airásemos | airado |
| | | airarais | hubierais o hubieseis |
| | | o airaseis | airado |
| | | airaran | hubieran o hubiesen |
| | | o airasen | airado |
| **Pret. Simple** | **Pret. Anterior** | **Futuro** | **Futuro Perfecto** |
| airé | hube airado | airare | hubiere airado |
| airaste | hubiste airado | airares | hubieres airado |
| airó | hubo airado | airare | hubiere airado |
| airamos | hubimos airado | airáremos | hubiéremos airado |
| airasteis | hubisteis airado | airareis | hubiereis airado |
| airaron | hubieron airado | airaren | hubieren airado |

| | | IMPERATIVO |
|---|---|---|
| **Futuro** | **Futuro Perfecto** | **Presente** |
| airaré | habré airado | aíra tú |
| airarás | habrás airado | aíre él |
| airará | habrá airado | airemos nosotros |
| airaremos | habremos airado | airad vosotros |
| airaréis | habréis airado | aíren ellos |
| airarán | habrán airado | |

| | | FORMAS NO PERSONALES | |
|---|---|---|---|
| **Condicional** | **Condicional Perf.** | **Infinitivo** | **Infinit. Compuesto** |
| airaría | habría airado | airar | haber airado |
| airarías | habrías airado | **Gerundio** | **Gerund. Compuesto** |
| airaría | habría airado | airando | habiendo airado |
| airaríamos | habríamos airado | **Participio** | |
| airaríais | habríais airado | airado | |
| airarían | habrían airado | | |

# 61 AHINCAR

| INDICATIVO | | SUBJUNTIVO | |
|---|---|---|---|
| **Presente** | **Pret. Perfecto** | **Presente** | **Pret. Perfecto** |
| ahínco | he ahincado | ahínque | haya ahincado |
| ahíncas | has ahincado | ahínques | hayas ahincado |
| ahínca | ha ahincado | ahínque | haya ahincado |
| ahincamos | hemos ahincado | ahinquemos | hayamos ahincado |
| ahincáis | habéis ahincado | ahinquéis | hayáis ahincado |
| ahíncan | han ahincado | ahínquen | hayan ahincado |
| **Pret. Imperf.** | **Pret. Pluscuamp.** | **Pret. Imperf.** | **Pret. Pluscuamp.** |
| ahincaba | había ahincado | ahincara | hubiera *o* hubiese |
| ahincabas | habías ahincado | *o* ahincase | ahincado |
| ahincaba | había ahincado | ahincaras | hubieras *o* hubieses |
| ahincábamos | habíamos ahincado | *o* ahincases | ahincado |
| ahincabais | habíais ahincado | ahincara | hubiera *o* hubiese |
| ahincaban | habían ahincado | *o* ahincase | ahincado |
| | | ahincáramos | hubiéramos *o* hubiésemos |
| | | *o* ahincásemos | ahincado |
| | | ahincarais | hubierais *o* hubieseis |
| | | *o* ahincaseis | ahincado |
| | | ahincaran | hubieran *o* hubiesen |
| | | *o* ahincasen | ahincado |
| **Pret. Simple** | **Pret. Anterior** | **Futuro** | **Futuro Perfecto** |
| ahinqué | hube ahincado | ahincare | hubiere ahincado |
| ahincaste | hubiste ahincado | ahincares | hubieres ahincado |
| ahincó | hubo ahincado | ahincare | hubiere ahincado |
| ahincamos | hubimos ahincado | ahincáremos | hubiéremos ahincado |
| ahincasteis | hubisteis ahincado | ahincareis | hubiereis ahincado |
| ahincaron | hubieron ahincado | ahincaren | hubieren ahincado |
| | | IMPERATIVO | |
| **Futuro** | **Futuro Perfecto** | **Presente** | |
| ahincaré | habré ahincado | ahínca tú | |
| ahincarás | habrás ahincado | ahínque él | |
| ahincará | habrá ahincado | ahinquemos nosotros | |
| ahincaremos | habremos ahincado | ahincad vosotros | |
| ahincaréis | habréis ahincado | ahinquen ellos | |
| ahincarán | habrán ahincado | | |
| | | FORMAS NO PERSONALES | |
| **Condicional** | **Condicional Perf.** | **Infinitivo** | **Infinit. Compuesto** |
| ahincaría | habría ahincado | ahincar | haber ahincado |
| ahincarías | habrías ahincado | **Gerundio** | **Gerund. Compuesto** |
| ahincaría | habría ahincado | ahincando | habiendo ahincado |
| ahincaríamos | habríamos ahincado | | |
| ahincaríais | habríais ahincado | **Participio** | |
| ahincarían | habrían ahincado | ahincado | |

| INDICATIVO | | SUBJUNTIVO | |
|---|---|---|---|
| **Presente** | **Pret. Perfecto** | **Presente** | **Pret. Perfecto** |
| enraízo | he enraizado | enraíce | haya enraizado |
| enraízas | has enraizado | enraíces | hayas enraizado |
| enraíza | ha enraizado | enraíce | haya enraizado |
| enraizamos | hemos enraizado | enraicemos | hayamos enraizado |
| enraizáis | habéis enraizado | enraicéis | hayáis enraizado |
| enraízan | han enraizado | enraícen | hayan enraizado |
| **Pret. Imperf.** | **Pret. Pluscuamp.** | **Pret. Imperf.** | **Pret. Pluscuamp.** |
| enraizaba | había enraizado | enraizara | hubiera o hubiese |
| enraizabas | habías enraizado | o enraizase | enraizado |
| enraizaba | había enraizado | enraizaras | hubieras o hubieses |
| enraizábamos | habíamos enraizado | o enraizases | enraizado |
| enraizabais | habíais enraizado | enraizara | hubiera o hubiese |
| enraizaban | habían enraizado | o enraizase | enraizado |
| | | enraizáramos | hubiéramos o hubiésemos |
| | | o enraizásemos | enraizado |
| | | enraizarais | hubierais o hubieseis |
| | | o enraizaseis | enraizado |
| | | enraizaran | hubieran o hubiesen |
| | | o enraizasen | enraizado |
| **Pret. Simple** | **Pret. Anterior** | **Futuro** | **Futuro Perfecto** |
| enraicé | hube enraizado | enraizare | hubiere enraizado |
| enraizaste | hubiste enraizado | enraizares | hubieres enraizado |
| enraizó | hubo enraizado | enraizare | hubiere enraizado |
| enraizamos | hubimos enraizado | enraizáremos | hubiéremos enraizado |
| enraizasteis | hubisteis enraizado | enraizareis | hubiereis enraizado |
| enraizaron | hubieron enraizado | enraizaren | hubieren enraizado |

| IMPERATIVO |
|---|
| **Presente** |
| enraíza tú |
| enraíce él |
| enraicemos nosotros |
| enraizad vosotros |
| enraícen ellos |

| **Futuro** | **Futuro Perfecto** |
|---|---|
| enraizaré | habré enraizado |
| enraizarás | habrás enraizado |
| enraizará | habrá enraizado |
| enraizaremos | habremos enraizado |
| enraizaréis | habréis enraizado |
| enraizarán | habrán enraizado |

| FORMAS NO PERSONALES | |
|---|---|
| **Infinitivo** | **Infinit. Compuesto** |
| enraizar | haber enraizado |
| **Gerundio** | **Gerund. Compuesto** |
| enraizando | habiendo enraizado |
| **Participio** | |
| enraizado | |

| **Condicional** | **Condicional Perf.** |
|---|---|
| enraizaría | habría enraizado |
| enraizarías | habrías enraizado |
| enraizaría | habría enraizado |
| enraizaríamos | habríamos enraizado |
| enraizaríais | habríais enraizado |
| enraizarían | habrían enraizado |

# 63 AULLAR

| INDICATIVO | | SUBJUNTIVO | |
|---|---|---|---|
| **Presente** | **Pret. Perfecto** | **Presente** | **Pret. Perfecto** |
| aúllo | he aullado | aúlle | haya aullado |
| aúllas | has aullado | aúlles | hayas aullado |
| aúlla | ha aullado | aúlle | haya aullado |
| aullamos | hemos aullado | aullemos | hayamos aullado |
| aulláis | habéis aullado | aulléis | hayáis aullado |
| aúllan | han aullado | aúllen | hayan aullado |
| **Pret. Imperf.** | **Pret. Pluscuamp.** | **Pret. Imperf.** | **Pret. Pluscuamp.** |
| aullaba | había aullado | aullara | hubiera o hubiese |
| aullabas | habias aullado | o aullase | aullado |
| aullaba | había aullado | aullaras | hubieras o hubieses |
| aullábamos | habíamos aullado | o aullases | aullado |
| aullabais | habíais aullado | aullara | hubiera o hubiese |
| aullaban | habían aullado | o aullase | aullado |
| | | aulláramos | hubiéramos o hubiésemos |
| | | o aullásemos | aullado |
| | | aullarais | hubierais o hubieseis |
| | | o aullaseis | aullado |
| | | aullaran | hubieran o hubiesen |
| | | o aullasen | aullado |
| **Pret. Simple** | **Pret. Anterior** | **Futuro** | **Futuro Perfecto** |
| aullé | hube aullado | aullare | hubiere aullado |
| aullaste | hubiste aullado | aullares | hubieres aullado |
| aulló | hubo aullado | aullare | hubiere aullado |
| aullamos | hubimos aullado | aulláremos | hubiéremos aullado |
| aullasteis | hubisteis aullado | aullareis | hubiereis aullado |
| aullaron | hubieron aullado | aullaren | hubieren aullado |

| IMPERATIVO |
|---|
| **Presente** |
| aúlla tú |
| aúlle él |
| aullemos nosotros |
| aullad vosotros |
| aúllen ellos |

| **Futuro** | **Futuro Perfecto** |
|---|---|
| aullaré | habré aullado |
| aullarás | habrás aullado |
| aullará | habrá aullado |
| aullaremos | habremos aullado |
| aullaréis | habréis aullado |
| aullarán | habrán aullado |

| FORMAS NO PERSONALES | |
|---|---|
| **Infinitivo** | **Infinit. Compuesto** |
| aullar | haber aullado |
| **Gerundio** | **Gerund. Compuesto** |
| aullando | habiendo aullado |
| **Participio** | |
| aullado | |

| **Condicional** | **Condicional Perf.** |
|---|---|
| aullaría | habría aullado |
| aullarías | habrías aullado |
| aullaría | habría aullado |
| aullaríamos | habríamos aullado |
| aullaríais | habríais aullado |
| aullarían | habrían aullado |

| INDICATIVO | | SUBJUNTIVO | |
|---|---|---|---|
| *Presente* | *Pret. Perfecto* | *Presente* | *Pret. Perfecto* |
| venzo | he vencido | venza | haya vencido |
| vences | has vencido | venzas | hayas vencido |
| vence | ha vencido | venza | haya vencido |
| vencemos | hemos vencido | venzamos | hayamos vencido |
| vencéis | habéis vencido | venzáis | hayáis vencido |
| vencen | han vencido | venzan | hayan vencido |
| *Pret. Imperf.* | *Pret. Pluscuamp.* | *Pret. Imperf.* | *Pret. Pluscuamp.* |
| vencía | había vencido | venciera | hubiera *o* hubiese |
| vencías | habías vencido | *o* venciese | vencido |
| vencía | había vencido | vencieras | hubieras *o* hubieses |
| vencíamos | habíamos vencido | *o* vencieses | vencido |
| vencíais | habíais vencido | venciera | hubiera *o* hubiese |
| vencían | habían vencido | *o* venciese | vencido |
| | | venciéramos | hubiéramos *o* hubiésemos |
| | | *o* venciésemos | vencido |
| | | vencierais | hubierais *o* hubieseis |
| | | *o* vencieseis | vencido |
| | | vencieran | hubieran *o* hubiesen |
| | | *o* venciesen | vencido |
| *Pret. Simple* | *Pret. Anterior* | *Futuro* | *Futuro Perfecto* |
| vencí | hube vencido | venciere | hubiere vencido |
| venciste | hubiste vencido | vencieres | hubieres vencido |
| venció | hubo vencido | venciere | hubiere vencido |
| vencimos | hubimos vencido | venciéremos | hubiéremos vencido |
| vencisteis | hubisteis vencido | venciereis | hubiereis vencido |
| vencieron | hubieron vencido | vencieren | hubieren vencido |

| | | IMPERATIVO |
|---|---|---|
| *Futuro* | *Futuro Perfecto* | *Presente* |
| venceré | habré vencido | vence tú |
| vencerás | habrás vencido | venza él |
| vencerá | habrá vencido | venzamos nosotros |
| venceremos | habremos vencido | venced vosotros |
| venceréis | habréis vencido | venzan ellos |
| vencerán | habrán vencido | |

| | | FORMAS NO PERSONALES | |
|---|---|---|---|
| *Condicional* | *Condicional Perf.* | *Infinitivo* | *Infinit. Compuesto* |
| vencería | habría vencido | vencer | haber vencido |
| vencerías | habrías vencido | *Gerundio* | *Gerund. Compuesto* |
| vencería | habría vencido | venciendo | habiendo vencido |
| venceríamos | habríamos vencido | *Participio* | |
| venceríais | habríais vencido | vencido | |
| vencerían | habrían vencido | | |

# 65 ACOGER

| INDICATIVO | | SUBJUNTIVO | |
|---|---|---|---|
| *Presente* | *Pret. Perfecto* | *Presente* | *Pret. Perfecto* |
| acojo | he acogido | acoja | haya acogido |
| acoges | has acogido | acojas | hayas acogido |
| acoge | ha acogido | acoja | haya acogido |
| acogemos | hemos acogido | acojamos | hayamos acogido |
| acogéis | habéis acogido | acojáis | hayáis acogido |
| acogen | han acogido | acojan | hayan acogido |
| *Pret. Imperf.* | *Pret. Pluscuamp.* | *Pret. Imperf.* | *Pret. Pluscuamp.* |
| acogía | había acogido | acogiera | hubiera *o* hubiese |
| acogías | habías acogido | *o* acogiese | acogido |
| acogía | había acogido | acogieras | hubieras *o* hubieses |
| acogíamos | habíamos acogido | *o* acogieses | acogido |
| acogíais | habíais acogido | acogiera | hubiera *o* hubiese |
| acogían | habían acogido | *o* acogiese | acogido |
| | | acogiéramos | hubiéramos *o* hubiésemos |
| | | *o* acogiésemos | acogido |
| | | acogierais | hubierais *o* hubieseis |
| | | *o* acogieseis | acogido |
| | | acogieran | hubieran *o* hubiesen |
| | | *o* acogiesen | acogido |
| *Pret. Simple* | *Pret. Anterior* | *Futuro* | *Futuro Perfecto* |
| acogí | hube acogido | acogiere | hubiere acogido |
| acogiste | hubiste acogido | acogieres | hubieres acogido |
| acogió | hubo acogido | acogiere | hubiere acogido |
| acogimos | hubimos acogido | acogiéremos | hubiéremos acogido |
| acogisteis | hubisteis acogido | acogiereis | hubiereis acogido |
| acogieron | hubieron acogido | acogieren | hubieren acogido |

| IMPERATIVO |
|---|
| *Presente* |
| acoge tú |
| acoja él |
| acojamos nosotros |
| acoged vosotros |
| acojan ellos |

| *Futuro* | *Futuro Perfecto* |
|---|---|
| acogeré | habré acogido |
| acogerás | habrás acogido |
| acogerá | habrá acogido |
| acogeremos | habremos acogido |
| acogeréis | habréis acogido |
| acogerán | habrán acogido |

| FORMAS NO PERSONALES | |
|---|---|
| *Infinitivo* | *Infinit. Compuesto* |
| acoger | haber acogido |
| *Gerundio* | *Gerund. Compuesto* |
| acogiendo | habiendo acogido |
| *Participio* | |
| acogido | |

| *Condicional* | *Condicional Perf.* |
|---|---|
| acogería | habría acogido |
| acogerías | habrías acogido |
| acogería | habría acogido |
| acogeríamos | habríamos acogido |
| acogeríais | habríais acogido |
| acogerían | habrían acogido |

| INDICATIVO | | SUBJUNTIVO | |
|---|---|---|---|
| **Presente** | **Pret. Perfecto** | **Presente** | **Pret. Perfecto** |
| esparzo | he esparcido | esparza | haya esparcido |
| esparces | has esparcido | esparzas | hayas esparcido |
| esparce | ha esparcido | esparza | haya esparcido |
| esparcimos | hemos esparcido | esparzamos | hayamos esparcido |
| esparcís | habéis esparcido | esparzáis | hayáis esparcido |
| esparcen | han esparcido | esparzan | hayan esparcido |
| **Pret. Imperf.** | **Pret. Pluscuamp.** | **Pret. Imperf.** | **Pret. Pluscuamp.** |
| esparcía | había esparcido | esparciera | hubiera o hubiese |
| esparcías | habías esparcido | o esparciese | esparcido |
| esparcía | había esparcido | esparcieras | hubieras o hubieses |
| esparcíamos | habíamos esparcido | o esparcieses | esparcido |
| esparcíais | habíais esparcido | esparciera | hubiera o hubiese |
| esparcían | habían esparcido | o esparciese | esparcido |
| | | esparciéramos | hubiéramos o hubiésemos |
| | | o esparciésemos | esparcido |
| | | esparcierais | hubierais o hubieseis |
| | | o esparcieseis | esparcido |
| | | esparcieran | hubieran o hubiesen |
| | | o esparciesen | esparcido |
| **Pret. Simple** | **Pret. Anterior** | **Futuro** | **Futuro Perfecto** |
| esparcí | hube esparcido | esparciere | hubiere esparcido |
| esparciste | hubiste esparcido | esparcieres | hubieres esparcido |
| esparció | hubo esparcido | esparciere | hubiere esparcido |
| esparcimos | hubimos esparcido | esparciéremos | hubiéremos esparcido |
| esparcisteis | hubisteis esparcido | esparciereis | hubiereis esparcido |
| esparcieron | hubieron esparcido | esparcieren | hubieren esparcido |

| IMPERATIVO |
|---|
| **Presente** |
| esparce tú |
| esparza él |
| esparzamos nosotros |
| esparcid vosotros |
| esparzan ellos |

| **Futuro** | **Futuro Perfecto** |
|---|---|
| esparciré | habré esparcido |
| esparcirás | habrás esparcido |
| esparcirá | habrá esparcido |
| esparciremos | habremos esparcido |
| esparciréis | habréis esparcido |
| esparcirán | habrán esparcido |

| FORMAS NO PERSONALES | |
|---|---|
| **Infinitivo** | **Infinit. Compuesto** |
| esparcir | haber esparcido |
| **Gerundio** | **Gerund. Compuesto** |
| esparciendo | habiendo esparcido |
| **Participio** | |
| esparcido | |

| **Condicional** | **Condicional Perf.** |
|---|---|
| esparciría | habría esparcido |
| esparcirías | habrías esparcido |
| esparciría | habría esparcido |
| esparciríamos | habríamos esparcido |
| esparciríais | habríais esparcido |
| esparcirían | habrían esparcido |

# 67 FINGIR

| INDICATIVO | | SUBJUNTIVO | |
|---|---|---|---|
| **Presente** | **Pret. Perfecto** | **Presente** | **Pret. Perfecto** |
| finjo | he fingido | finja | haya fingido |
| finges | has fingido | finjas | hayas fingido |
| finge | ha fingido | finja | haya fingido |
| fingimos | hemos fingido | finjamos | hayamos fingido |
| fingís | habéis fingido | finjáis | hayáis fingido |
| fingen | han fingido | finjan | hayan fingido |
| **Pret. Imperf.** | **Pret. Pluscuamp.** | **Pret. Imperf.** | **Pret. Pluscuamp.** |
| fingía | había fingido | fingiera | hubiera o hubiese |
| fingías | habías fingido | o fingiese | fingido |
| fingía | había fingido | fingieras | hubieras o hubieses |
| fingíamos | habíamos fingido | o fingieses | fingido |
| fingíais | habíais fingido | fingiera | hubiera o hubiese |
| fingían | habían fingido | o fingiese | fingido |
| | | fingiéramos | hubiéramos o hubiésemos |
| | | o fingiésemos | fingido |
| | | fingierais | hubierais o hubieseis |
| | | o fingieseis | fingido |
| | | fingieran | hubieran o hubiesen |
| | | o fingiesen | fingido |
| **Pret. Simple** | **Pret. Anterior** | **Futuro** | **Futuro Perfecto** |
| fingí | hube fingido | fingiere | hubiere fingido |
| fingiste | hubiste fingido | fingieres | hubieres fingido |
| fingió | hubo fingido | fingiere | hubiere fingido |
| fingimos | hubimos fingido | fingiéremos | hubiéremos fingido |
| fingisteis | hubisteis fingido | fingiereis | hubiereis fingido |
| fingieron | hubieron fingido | fingieren | hubieren fingido |

| IMPERATIVO |
|---|
| **Presente** |
| finge tú |
| finja él |
| finjamos nosotros |
| fingid vosotros |
| finjan ellos |

| **Futuro** | **Futuro Perfecto** |
|---|---|
| fingiré | habré fingido |
| fingirás | habrás fingido |
| fingirá | habrá fingido |
| fingiremos | habremos fingido |
| fingiréis | habréis fingido |
| fingirán | habrán fingido |

| FORMAS NO PERSONALES | |
|---|---|
| **Infinitivo** | **Infinit. Compuesto** |
| fingir | haber fingido |
| **Gerundio** | **Gerund. Compuesto** |
| fingiendo | habiendo fingido |
| **Participio** | |
| fingido | |

| **Condicional** | **Condicional Perf.** |
|---|---|
| fingiría | habría fingido |
| fingirías | habrías fingido |
| fingiría | habría fingido |
| fingiríamos | habríamos fingido |
| fingiríais | habríais fingido |
| fingirían | habrían fingido |

| INDICATIVO | | SUBJUNTIVO | |
|---|---|---|---|
| *Presente* | *Pret. Perfecto* | *Presente* | *Pret. Perfecto* |
| delinco | he delinquido | delinca | haya delinquido |
| delinques | has delinquido | delincas | hayas delinquido |
| delinque | ha delinquido | delinca | haya delinquido |
| delinquimos | hemos delinquido | delincamos | hayamos delinquido |
| delinquís | habéis delinquido | delincáis | hayáis delinquido |
| delinquen | han delinquido | delincan | hayan delinquido |
| *Pret. Imperf.* | *Pret. Pluscuamp.* | *Pret. Imperf.* | *Pret. Pluscuamp.* |
| delinquía | había delinquido | delinquiera | hubiera *o* hubiese |
| delinquías | habías delinquido | *o* delinquiese | delinquido |
| delinquía | había delinquido | delinquieras | hubieras *o* hubieses |
| delinquíamos | habíamos delinquido | *o* delinquieses | delinquido |
| delinquíais | habíais delinquido | delinquiera | hubiera *o* hubiese |
| delinquían | habían delinquido | *o* delinquiese | delinquido |
| | | delinquiéramos | hubiéramos *o* hubiésemos |
| | | *o* delinquiésemos | delinquido |
| | | delinquierais | hubierais *o* hubieseis |
| | | *o* delinquieseis | delinquido |
| | | delinquieran | hubieran *o* hubiesen |
| | | *o* delinquiesen | delinquido |
| *Pret. Simple* | *Pret. Anterior* | *Futuro* | *Futuro Perfecto* |
| delinquí | hube delinquido | delinquiere | hubiere delinquido |
| delinquiste | hubiste delinquido | delinquieres | hubieres delinquido |
| delinquió | hubo delinquido | delinquiere | hubiere delinquido |
| delinquimos | hubimos delinquido | delinquiéremos | hubiéremos delinquido |
| delinquisteis | hubisteis delinquido | delinquiereis | hubiereis delinquido |
| delinquieron | hubieron delinquido | delinquieren | hubieren delinquido |

| IMPERATIVO |
|---|
| *Presente* |
| delinque tú |
| delinca él |
| delincamos nosotros |
| delinquid vosotros |
| delincan ellos |

| *Futuro* | *Futuro Perfecto* |
|---|---|
| delinquiré | habré delinquido |
| delinquirás | habrás delinquido |
| delinquirá | habrá delinquido |
| delinquiremos | habremos delinquido |
| delinquiréis | habréis delinquido |
| delinquirán | habrán delinquido |

| FORMAS NO PERSONALES | |
|---|---|
| *Infinitivo* | *Infinit. Compuesto* |
| delinquir | haber delinquido |
| *Gerundio* | *Gerund. Compuesto* |
| delinquiendo | habiendo delinquido |
| *Participio* | |
| delinquido | |

| *Condicional* | *Condicional Perf.* |
|---|---|
| delinquiría | habría delinquido |
| delinquirías | habrías delinquido |
| delinquiría | habría delinquido |
| delinquiríamos | habríamos delinquido |
| delinquiríais | habríais delinquido |
| delinquirían | habrían delinquido |

# 69 PROHIBIR

| INDICATIVO | | SUBJUNTIVO | |
|---|---|---|---|
| **Presente** | **Pret. Perfecto** | **Presente** | **Pret. Perfecto** |
| prohíbo | he prohibido | prohíba | haya prohibido |
| prohíbes | has prohibido | prohíbas | hayas prohibido |
| prohíbe | ha prohibido | prohíba | haya prohibido |
| prohibimos | hemos prohibido | prohibamos | hayamos prohibido |
| prohibís | habéis prohibido | prohibáis | hayáis prohibido |
| prohíben | han prohibido | prohíban | hayan prohibido |
| **Pret. Imperf.** | **Pret. Pluscuamp.** | **Pret. Imperf.** | **Pret. Pluscuamp.** |
| prohibía | había prohibido | prohibiera | hubiera o hubiese |
| prohibías | habías prohibido | o prohibiese | prohibido |
| prohibía | había prohibido | prohibieras | hubieras o hubieses |
| prohibíamos | habíamos prohibido | o prohibieses | prohibido |
| prohibíais | habíais prohibido | prohibiera | hubiera o hubiese |
| prohibían | habían prohibido | o prohibiese | prohibido |
| | | prohibiéramos | hubiéramos o hubiésemos |
| | | o prohibiésemos | prohibido |
| | | prohibierais | hubierais o hubieseis |
| | | o prohibieseis | prohibido |
| | | prohibieran | hubieran o hubiesen |
| | | o prohibiesen | prohibido |
| **Pret. Simple** | **Pret. Anterior** | **Futuro** | **Futuro Perfecto** |
| prohibí | hube prohibido | prohibiere | hubiere prohibido |
| prohibiste | hubiste prohibido | prohibieres | hubieres prohibido |
| prohibió | hubo prohibido | prohibiere | hubiere prohibido |
| prohibimos | hubimos prohibido | prohibiéremos | hubiéremos prohibido |
| prohibisteis | hubisteis prohibido | prohibiereis | hubiereis prohibido |
| prohibieron | hubieron prohibido | prohibieren | hubieren prohibido |

| IMPERATIVO |
|---|
| **Presente** |
| prohíbe tú |
| prohíba él |
| prohibamos nosotros |
| prohibid vosotros |
| prohíban ellos |

| **Futuro** | **Futuro Perfecto** |
|---|---|
| prohibiré | habré prohibido |
| prohibirás | habrás prohibido |
| prohibirá | habrá prohibido |
| prohibiremos | habremos prohibido |
| prohibiréis | habréis prohibido |
| prohibirán | habrán prohibido |

| FORMAS NO PERSONALES | |
|---|---|
| **Infinitivo** | **Infinit. Compuesto** |
| prohibir | haber prohibido |
| **Gerundio** | **Gerund. Compuesto** |
| prohibiendo | habiendo prohibido |
| **Participio** | |
| prohibido | |

| **Condicional** | **Condicional Perf.** |
|---|---|
| prohibiría | habría prohibido |
| prohibirías | habrías prohibido |
| prohibiría | habría prohibido |
| prohibiríamos | habríamos prohibido |
| prohibiríais | habríais prohibido |
| prohibirían | habrían prohibido |

## 70 REUNIR

| INDICATIVO | | SUBJUNTIVO | |
|---|---|---|---|
| **Presente** | **Pret. Perfecto** | **Presente** | **Pret. Perfecto** |
| reúno | he reunido | reúna | haya reunido |
| reúnes | has reunido | reúnas | hayas reunido |
| reúne | ha reunido | reúna | haya reunido |
| reunimos | hemos reunido | reunamos | hayamos reunido |
| reunís | habéis reunido | reunáis | hayáis reunido |
| reúnen | han reunido | reúnan | hayan reunido |
| **Pret. Imperf.** | **Pret. Pluscuamp.** | **Pret. Imperf.** | **Pret. Pluscuamp.** |
| reunía | había reunido | reuniera | hubiera o hubiese |
| reunías | habías reunido | o reuniese | reunido |
| reunía | había reunido | reunieras | hubieras o hubieses |
| reuníamos | habíamos reunido | o reunieses | reunido |
| reuníais | habíais reunido | reuniera | hubiera o hubiese |
| reunían | habían reunido | o reuniese | reunido |
| | | reuniéramos | hubiéramos o hubiésemos |
| | | o reuniésemos | reunido |
| | | reunierais | hubierais o hubieseis |
| | | o reunieseis | reunido |
| | | reunieran | hubieran o hubiesen |
| | | o reuniesen | reunido |
| **Pret. Simple** | **Pret. Anterior** | **Futuro** | **Futuro Perfecto** |
| reuní | hube reunido | reuniere | hubiere reunido |
| reuniste | hubiste reunido | reunieres | hubieres reunido |
| reunió | hubo reunido | reuniere | hubiere reunido |
| reunimos | hubimos reunido | reuniéremos | hubiéremos reunido |
| reunisteis | hubisteis reunido | reuniereis | hubiereis reunido |
| reunieron | hubieron reunido | reunieren | hubieren reunido |

| IMPERATIVO |
|---|
| **Presente** |
| reúne tú |
| reúna él |
| reunamos nosotros |
| reunid vosotros |
| reúnan ellos |

| **Futuro** | **Futuro Perfecto** |
|---|---|
| reuniré | habré reunido |
| reunirás | habrás reunido |
| reunirá | habrá reunido |
| reuniremos | habremos reunido |
| reuniréis | habréis reunido |
| reunirán | habrán reunido |

| FORMAS NO PERSONALES | |
|---|---|
| **Infinitivo** | **Infinit. Compuesto** |
| reunir | haber reunido |
| **Gerundio** | **Gerund. Compuesto** |
| reuniendo | habiendo reunido |
| **Participio** | |
| reunido | |

| **Condicional** | **Condicional Perf.** |
|---|---|
| reuniría | habría reunido |
| reunirías | habrías reunido |
| reuniría | habría reunido |
| reuniríamos | habríamos reunido |
| reuniríais | habríais reunido |
| reunirían | habrían reunido |

# 71 DISTINGUIR

| INDICATIVO | | SUBJUNTIVO | |
|---|---|---|---|
| *Presente* | *Pret. Perfecto* | *Presente* | *Pret. Perfecto* |
| distingo | he distinguido | distinga | haya distinguido |
| distingues | has distinguido | distingas | hayas distinguido |
| distingue | ha distinguido | distinga | haya distinguido |
| distinguimos | hemos distinguido | distingamos | hayamos distinguido |
| distinguís | habéis distinguido | distingáis | hayáis distinguido |
| distinguen | han distinguido | distingan | hayan distinguido |
| *Pret. Imperf.* | *Pret. Pluscuamp.* | *Pret. Imperf.* | *Pret. Pluscuamp.* |
| distinguía | había distinguido | distinguiera | hubiera *o* hubiese |
| distinguías | habías distinguido | *o* distinguiese | distinguido |
| distinguía | había distinguido | distinguieras | hubieras *o* hubieses |
| distinguíamos | habíamos distinguido | *o* distinguieses | distinguido |
| distinguíais | habíais distinguido | distinguiera | hubiera *o* hubiese |
| distinguían | habían distinguido | *o* distinguiese | distinguido |
| | | distinguiéramos | hubiéramos *o* hubiésemos |
| | | *o* distinguiésemos | distinguido |
| | | distinguierais | hubierais *o* hubieseis |
| | | *o* distinguieseis | distinguido |
| | | distinguieran | hubieran *o* hubiesen |
| | | *o* distinguiesen | distinguido |
| *Pret. Simple* | *Pret. Anterior* | *Futuro* | *Futuro Perfecto* |
| distinguí | hube distinguido | distinguiere | hubiere distinguido |
| distinguiste | hubiste distinguido | distinguieres | hubieres distinguido |
| distinguió | hubo distinguido | distinguiere | hubiere distinguido |
| distinguimos | hubimos distinguido | distinguiéremos | hubiéremos distinguido |
| distinguisteis | hubisteis distinguido | distinguiereis | hubiereis distinguido |
| distinguieron | hubieron distinguido | distinguieren | hubieren distinguido |

| | | IMPERATIVO |
|---|---|---|
| *Futuro* | *Futuro Perfecto* | *Presente* |
| distinguiré | habré distinguido | distingue tú |
| distinguirás | habrás distinguido | distinga él |
| distinguirá | habrá distinguido | distingamos nosotros |
| distinguiremos | habremos distinguido | distinguid vosotros |
| distinguiréis | habréis distinguido | distingan ellos |
| distinguirán | habrán distinguido | |

| | | FORMAS NO PERSONALES | |
|---|---|---|---|
| *Condicional* | *Condicional Perf.* | *Infinitivo* | *Infinit. Compuesto* |
| distinguiría | habría distinguido | distinguir | haber distinguido |
| distinguirías | habrías distinguido | *Gerundio* | *Gerund. Compuesto* |
| distinguiría | habría distinguido | distinguiendo | habiendo distinguido |
| distinguiríamos | habríamos distinguido | *Participio* | |
| distinguiríais | habríais distinguido | distinguido | |
| distinguirían | habrían distinguido | | |

# 72 GRUÑIR

| INDICATIVO | | SUBJUNTIVO | |
|---|---|---|---|
| **Presente** | **Pret. Perfecto** | **Presente** | **Pret. Perfecto** |
| gruño | he gruñido | gruña | haya gruñido |
| gruñes | has gruñido | gruñas | hayas gruñido |
| gruñe | ha gruñido | gruña | haya gruñido |
| gruñimos | hemos gruñido | gruñamos | hayamos gruñido |
| gruñís | habéis gruñido | gruñáis | hayáis gruñido |
| gruñen | han gruñido | gruñan | hayan gruñido |
| **Pret. Imperf.** | **Pret. Pluscuamp.** | **Pret. Imperf.** | **Pret. Pluscuamp.** |
| gruñía | había gruñido | gruñera | hubiera o hubiese |
| gruñías | habías gruñido | o gruñese | gruñido |
| gruñía | había gruñido | gruñeras | hubieras o hubieses |
| gruñíamos | habíamos gruñido | o gruñeses | gruñido |
| gruñíais | habíais gruñido | gruñera | hubiera o hubiese |
| gruñían | habían gruñido | o gruñese | gruñido |
| | | gruñéramos | hubiéramos o hubiésemos |
| | | o gruñésemos | gruñido |
| | | gruñerais | hubierais o hubieseis |
| | | o gruñeseis | gruñido |
| | | gruñeran | hubieran o hubiesen |
| | | o gruñesen | gruñido |
| **Pret. Simple** | **Pret. Anterior** | **Futuro** | **Futuro Perfecto** |
| gruñí | hube gruñido | gruñere | hubiere gruñido |
| gruñiste | hubiste gruñido | gruñeres | hubieres gruñido |
| gruñó | hubo gruñido | gruñere | hubiere gruñido |
| gruñimos | hubimos gruñido | gruñéremos | hubiéremos gruñido |
| gruñisteis | hubisteis gruñido | gruñereis | hubiereis gruñido |
| gruñeron | hubieron gruñido | gruñeren | hubieren gruñido |

| | | IMPERATIVO | |
|---|---|---|---|
| **Futuro** | **Futuro Perfecto** | **Presente** | |
| gruñiré | habré gruñido | gruñe tú | |
| gruñirás | habrás gruñido | gruña él | |
| gruñirá | habrá gruñido | gruñamos nosotros | |
| gruñiremos | habremos gruñido | gruñid vosotros | |
| gruñiréis | habréis gruñido | gruñan ellos | |
| gruñirán | habrán gruñido | | |

| | | FORMAS NO PERSONALES | |
|---|---|---|---|
| **Condicional** | **Condicional Perf.** | **Infinitivo** | **Infinit. Compuesto** |
| gruñiría | habría gruñido | gruñir | haber gruñido |
| gruñirías | habrías gruñido | **Gerundio** | **Gerund. Compuesto** |
| gruñiría | habría gruñido | gruñendo | habiendo gruñido |
| gruñiríamos | habríamos gruñido | **Participio** | |
| gruñiríais | habríais gruñido | gruñido | |
| gruñirían | habrían gruñido | | |

# INDICE ALFABETICO DE VERBOS

(Los números indican el número del modelo)

Abreviaturas:

defect.: *verbo defectivo*
unipers.: *verbo unipersonal*
part. irreg.: *participio irregular*

| | | | | | | |
|---|---|---|---|---|---|
| aherrumbrarse | 3 | alcantarillar | 3 | alterar | 3 |
| ahijar | 60 | alcanzar | 56 | altercar | 54 |
| ahilar | 60 | alcatifar | 3 | alternar | 3 |
| ahincar | 61 | alcoholar | 3 | altivar | 3 |
| ahogar | 55 | alcoholizar | 56 | altivecer | 32 |
| ahombrarse | 3 | aldabear | 3 | alucinar | 3 |
| ahondar | 3 | aldabonear | 3 | aludir | 3 |
| ahorcar | 54 | alear | 3 | alumbrar | 3 |
| ahormar | 3 | aleccionar | 3 | alunarse | 3 |
| ahornar | 3 | alechugar | 55 | alunizar | 56 |
| ahorquillar | 3 | alegar | 55 | alustrar | 3 |
| ahorrar | 3 | alegorizar | 56 | alzar | 56 |
| ahoyar | 3 | alegrar | 3 | allanar | 3 |
| ahuchar | 63 | alejar | 3 | allegar | 55 |
| ahuecar | 54 | alelar | 3 | amachetear | 3 |
| ahumar | 3 | alentar | 10 | amadrinar | 3 |
| ahuyentar | 3 | aleonar | 3 | amaestrar | 3 |
| aindiarse | 3 | alertar | 3 | amagar | 55 |
| airar | 60 | aletargar | 55 | amainar | 3 |
| airear | 3 | aletear | 3 | amaitinar | 3 |
| aislar | 60 | alfabetizar | 56 | amajadar | 3 |
| ajamonarse | 3 | alfilerar | 3 | amalgamar | 3 |
| ajar | 3 | alfombrar | 3 | amallarse | 3 |
| ajardinar | 3 | algodonar | 3 | amamantar | 3 |
| ajedrezar | 56 | alhajar | 3 | amancebarse | 3 |
| ajesuitar | 3 | aliar | 57 | amancillar | 3 |
| ajetrearse | 3 | alicatar | 3 | amanecer (unipers.) | 32 |
| ajironar | 3 | alicortar | 3 | amanerar | 3 |
| ajornalar | 3 | alienar | 3 | amanojar | 3 |
| ajotar | 3 | aligerar | 3 | amansar | 3 |
| ajuiciar | 3 | alijar | 3 | amantillar | 3 |
| ajumarse | 3 | alimentar | 3 | amanzanar | 3 |
| ajuntarse | 3 | alimonarse | 3 | amañar | 3 |
| ajustar | 3 | alindar | 3 | amar | 3 |
| ajusticiar | 3 | alinderar | 3 | amarar | 3 |
| alabar | 3 | alinear | 3 | amargar | 55 |
| alabastrar | 3 | aliñar | 3 | amarillear | 3 |
| alagar | 55 | alisar | 3 | amarillecer | 32 |
| alagartarse | 3 | alistar | 3 | amarinar | 3 |
| alambicar | 54 | aliviar | 3 | amarrar | 3 |
| alambrar | 3 | almacenar | 3 | amarrequear | 3 |
| alardear | 3 | almenar | 3 | amartelar | 3 |
| alargar | 55 | almendrar | 3 | amartillar | 3 |
| alarmar | 3 | almibarar | 3 | amasar | 3 |
| albañilear | 3 | almidonar | 3 | amasijar | 3 |
| albardar | 3 | almohadillar | 3 | amazacotar | 3 |
| albayaldar | 3 | almonedar | 3 | ambicionar | 3 |
| albear | 3 | almorzar | 18 | ambientar | 3 |
| albergar | 55 | alocar | 54 | ambular | 3 |
| alborear (unipers.) | 3 | alojar | 3 | amedrentar | 3 |
| alborotar | 3 | alomar | 3 | amenazar | 56 |
| alborozar | 56 | alongar | 18 | amenizar | 56 |
| albuminar | 3 | aloquecer | 32 | americanizar | 56 |
| alcachofar | 3 | alpargatar | 3 | amerizar | 56 |
| alcahuetear | 3 | alquilar | 3 | ametrallar | 3 |
| alcanforar | 3 | alquitranar | 3 | amigar | 55 |

| | | | | | | |
|---|---|---|---|---|---|
| amilanar | 3 | angelizarse | 56 | aparear | 3 |
| aminorar | 3 | angostar | 3 | aparecer | 32 |
| amistar | 3 | angustiar | 3 | aparejar | 3 |
| amnistiar | 57 | anhelar | 3 | aparentar | 3 |
| amoblar | 18 | anidar | 3 | aparrar | 3 |
| amodorrarse | 3 | anieblar | 3 | aparroquiar | 3 |
| amodorrecer | 32 | anillar | 3 | apartar | 3 |
| amohecer | 32 | animalizar | 56 | apasionar | 3 |
| amohinar | 60 | animar | 3 | apear | 3 |
| amojamar | 3 | aniñarse | 3 | apechar | 3 |
| amojonar | 3 | aniquilar | 3 | apechugar | 55 |
| amolar | 18 | anisar | 3 | apedazar | 56 |
| amoldar | 3 | anochecer (unipers.) .. | 32 | apedrear | 3 |
| amonarse | 3 | anonadar | 3 | apegar | 55 |
| amonedar | 3 | anotar | 3 | apelambrar | 3 |
| amonestar | 3 | anquilosar | 3 | apelar | 3 |
| amontar | 3 | ansiar | 57 | apelmazar | 56 |
| amontonar | 3 | anteceder | 4 | apelotar | 3 |
| amoñar | 3 | antedatar | 3 | apelotonar | 3 |
| amoratarse | 3 | antedecir | 41 | apellidar | 3 |
| amordazar | 56 | antellevar | 3 | apenar | 3 |
| amorecer | 32 | anteponer | 15 | apencar | 54 |
| amorrar | 3 | anticipar | 3 | apensionar | 3 |
| amorriñarse | 3 | anticuar | 3 | apeonar | 3 |
| amortajar | 3 | antidotar | 3 | apercibir | 5 |
| amortecer | 32 | antiguar | 59 | apergaminarse | 3 |
| amortiguar | 59 | antipatizar | 56 | apernar | 10 |
| amortizar | 56 | antojarse | 3 | aperrear | 3 |
| amoscar | 54 | antorchar | 3 | apesadumbrar | 3 |
| amostazar | 56 | anualizar | 56 | apesarar | 3 |
| amotinar | 3 | anublar | 3 | apestar | 3 |
| amover | 22 | anudar | 3 | apetecer | 32 |
| amparar | 3 | anular | 3 | apezuñar | 3 |
| ampliar | 57 | anunciar | 3 | apiadar | 3 |
| amplificar | 54 | añadir | 5 | apianar | 3 |
| ampollar | 3 | añejar | 3 | apicararse | 3 |
| amputar | 3 | añorar | 3 | apilar | 3 |
| amueblar | 3 | aojar | 3 | apimplarse | 3 |
| amurallar | 3 | aovar | 3 | apimpollarse | 3 |
| amurar | 3 | apabullar | 3 | apiñar | 3 |
| amurriarse | 3 | apacentar | 10 | apiolar | 3 |
| amusgar | 55 | apaciguar | 59 | apiparse | 3 |
| amustiar | 3 | apadrinar | 3 | apingüinarse | 3 |
| analizar | 56 | apagar | 55 | apisonar | 3 |
| anarquizar | 56 | apaisanarse | 3 | apitonar | 3 |
| anatematizar | 56 | apaisar | 3 | aplacar | 54 |
| anatomizar | 56 | apalabrar | 3 | aplanar | 3 |
| anclar | 3 | apalancar | 54 | aplastar | 3 |
| ancorar | 3 | apalear | 3 | aplatanarse | 3 |
| anchar | 3 | apaletarse | 3 | aplaudir | 5 |
| andamiar | 3 | apandar | 3 | aplazar | 56 |
| andar | 51 | apandillar | 3 | aplebeyar | 3 |
| anegar | 55 | apantanar | 3 | aplicar | 54 |
| anestesiar | 3 | apañar | 3 | aplomar | 3 |
| anexar | 3 | aparar | 3 | apocar | 54 |
| anexionar | 3 | aparcar | 54 | apocopar | 3 |

| | | | | | | |
|---|---|---|---|---|---|
| apocharse | 3 | arborecer | 32 | arrogarse | 55 |
| apodar | 3 | arborizar | 56 | arrojar | 3 |
| apoderar | 3 | arcaizar | 62 | arrollar | 3 |
| apolillar | 3 | arcillar | 3 | arromanzar | 56 |
| apologetizar | 56 | archivar | 3 | arropar | 3 |
| apoltronarse | 3 | arder | 4 | arrostrar | 3 |
| aporcar | 18 | arenar | 3 | arroyar | 3 |
| aporrear | 3 | arengar | 55 | arrufianarse | 3 |
| aportar | 3 | argamasar | 3 | arrugar | 55 |
| aportillar | 3 | argentar | 3 | arruinar | 3 |
| aportuguesar | 3 | argentinizar | 56 | arrullar | 3 |
| aposentar | 3 | argollar | 3 | arrumbar | 3 |
| apostar | 18 | argüir | 39 | artesonar | 3 |
| apostatar | 3 | argumentar | 3 | articular | 3 |
| apostillar | 3 | aricar | 54 | asaetear | 3 |
| apostolizar | 56 | aridecer | 32 | asainetar | 3 |
| apostrofar | 3 | ariscar | 54 | asalariar | 3 |
| apoyar | 3 | aristocratizar | 56 | asaltar | 3 |
| apreciar | 3 | armar | 3 | asar | 3 |
| aprehender | 4 | armonizar | 56 | ascender | 12 |
| apremiar | 3 | arpegiar | 3 | asear | 3 |
| aprender | 4 | arponear | 3 | asedar | 3 |
| aprensar | 3 | arquear | 3 | asediar | 3 |
| apresar | 3 | arquetar | 3 | asegundar | 3 |
| aprestar | 3 | arraigar | 55 | asegurar | 3 |
| apresurar | 3 | arramblar | 3 | asemejar | 3 |
| apretar | 10 | arrancar | 54 | asentar | 10 |
| apretujar | 3 | arranciarse | 3 | asentir | 24 |
| apriscar | 54 | arrasar | 3 | aserrar | 10 |
| aprisionar | 3 | arrastrar | 3 | asesar | 3 |
| aprobar | 18 | arrear | 3 | asesinar | 3 |
| aprontar | 3 | arrebañar | 3 | asesorar | 3 |
| apropiar | 3 | arrebatar | 3 | asestar | 3 |
| apropincuarse | 3 | arrebolar | 3 | aseverar | 3 |
| aprovechar | 3 | arrebozar | 56 | asfaltar | 3 |
| aprovisionar | 3 | arrebujar | 3 | asfixiar | 3 |
| aproximar | 3 | arreciar | 3 | asibilar | 3 |
| apuntalar | 3 | arredrar | 3 | asignar | 3 |
| apuntar | 3 | arreglar | 3 | asilar | 3 |
| apuntillar | 3 | arregostarse | 3 | asilenciar | 3 |
| apuñalar | 3 | arrejuntar | 3 | asimilar | 3 |
| apuñar | 3 | arrellanarse | 3 | asir | 36 |
| apuñear | 3 | arremangar | 55 | asistir | 5 |
| apurar | 3 | arremansar | 3 | asnear | 3 |
| aquejar | 3 | arremeter | 4 | asociar | 3 |
| aquejumbrarse | 3 | arremolinar | 3 | asolanar | 3 |
| aquerenciarse | 3 | arrempujar | 3 | asolapar | 3 |
| aquietar | 3 | arrendar | 10 | asolar (arrasar) | 18 |
| aquilatar | 3 | arrepentirse | 24 | asolar (el sol) | 3 |
| arabizar | 56 | arrestar | 3 | asomar | 3 |
| arancelar | 3 | arriar | 57 | asombrar | 3 |
| arañar | 3 | arribar | 3 | asonantar | 3 |
| arar | 3 | arriesgar | 55 | asonar | 18 |
| arbitrar | 3 | arrimar | 3 | asordar | 3 |
| arbolar | 3 | arrinconar | 3 | aspar | 3 |
| arbolecer | 32 | arrodillar | 3 | aspaventar | 10 |

— 118 —

| | | | | | | | |
|---|---|---|---|---|---|---|---|
| depositar | 3 | descararse | 3 | desherbar | 10 |
| depravar | 3 | descariñarse | 3 | deshollejar | 3 |
| deprecar | 54 | descarnar | 3 | deshuesar | 3 |
| depreciar | 3 | descarriar | 57 | designar | 3 |
| depredar | 3 | descartar | 3 | desistir | 5 |
| deprimir | 5 | descascarar | 3 | deslavazar | 56 |
| depurar | 3 | descascarillar | 3 | desleir | 9 |
| derivar | 3 | descender | 12 | deslizar | 56 |
| derogar | 55 | descervigar | 55 | deslomar | 3 |
| derrabar | 3 | decocar | 54 | deslumbrar | 3 |
| derramar | 3 | descogotar | 3 | desmadejar | 3 |
| derrapar | 3 | decollar | 18 | desmadrarse | 3 |
| derrengar | 55 | descombrar | 3 | desmangar | 55 |
| derretir | 6 | descomedirse | 6 | desmantelar | 3 |
| derribar | 3 | desconchar | 3 | desmayar | 3 |
| derrocar | 54 | descorazonar | 3 | desmelenar | 3 |
| derrochar | 3 | descortezar | 56 | desmembrar | 3 |
| derrotar | 3 | descortinar | 3 | desmemoriarse | 3 |
| derruir | 39 | descostillar | 3 | desmenguar | 59 |
| derrumbar | 3 | descostrar | 3 | desmeollar | 3 |
| desafiar | 57 | descoyuntar | 3 | desmigajar | 3 |
| desafilar | 3 | descremar | 3 | desmoronar | 3 |
| desafinar | 3 | descrestar | 3 | desnatar | 3 |
| desaforar | 18 | describir (part. irreg.) | 5 | desnucar | 54 |
| desahuciar | 3 | descrismar | 3 | desnudar | 3 |
| desalinizar | 56 | descuadernar | 3 | desodorizar | 56 |
| desalivar | 3 | descuajar | 3 | desojar | 3 |
| desalmar | 3 | descuajaringar | 55 | desolar | 18 |
| desarrollar | 3 | descuartizar | 56 | desollar | 18 |
| desazonar | 3 | descuerar | 3 | desorbitar | 3 |
| desbancar | 54 | descuernar | 3 | desorejar | 3 |
| desbandarse | 3 | descular | 3 | desosar | 19 |
| desbarajustar | 3 | desdeñar | 3 | despabilar | 3 |
| desbaratar | 3 | desear | 3 | despachar | 3 |
| desbarbar | 3 | desecar | 54 | despachurrar | 3 |
| desbarbillar | 3 | desechar | 3 | despampanar | 3 |
| desbarrancar | 54 | desemejar | 3 | despanzurrar | 3 |
| desbarrar | 3 | desertar | 3 | desparejar | 3 |
| desbarrigar | 55 | deservir | 6 | desparramar | 3 |
| desbastar | 3 | desfalcar | 54 | despatarrar | 3 |
| desbecerrar | 3 | desfallecer | 32 | despatillar | 3 |
| desboscar | 54 | desfasar | 3 | despechar | 3 |
| desbravar | 3 | desflorar | 3 | despechugar | 55 |
| desbrazarse | 56 | desfogar | 55 | despedazar | 56 |
| desbridar | 3 | desfondar | 3 | despedir | 6 |
| desbrozar | 56 | desgajar | 3 | despedrar | 10 |
| descabalar | 3 | desganar | 3 | despedregar | 55 |
| descabellar | 3 | desgañitarse | 3 | despegar | 55 |
| descabezar | 56 | desgarrar | 3 | despejar | 3 |
| descabritar | 3 | desgastar | 3 | despelotar | 3 |
| descalabazarse | 56 | desglosar | 3 | despelucar | 54 |
| descalabrar | 3 | desgobernar | 10 | despeluzar | 56 |
| descalificar | 54 | desgraciar | 3 | despeluznar | 3 |
| descamar | 3 | desgranar | 3 | despellejar | 3 |
| descampar (unipers.) . | 3 | desguazar | 56 | despenar | 3 |
| descangayar | 3 | desharrapar | 3 | despeñar | 3 |

| | | | | | | | |
|---|---|---|---|---|---|---|---|
| domar | 3 | embalsamar | 3 | emitir | 5 |
| domeñar | 3 | embalsar | 3 | emocionar | 3 |
| domesticar | 54 | embanderar | 3 | empacar | 54 |
| domiciliar | 3 | embarazar | 56 | empachar | 3 |
| dominar | 3 | embarbecer | 32 | empadrarse | 3 |
| donar | 3 | embarcar | 54 | empadronar | 3 |
| dorar | 3 | embargar | 55 | empalagar | 55 |
| dormir | 26 | embarrancar | 54 | empalar | 3 |
| dormitar | 3 | embarrar | 3 | empalizar | 56 |
| dosificar | 54 | embarrilar | 3 | empalmar | 3 |
| dotar | 3 | embarullar | 3 | empanar | 3 |
| dragar | 55 | embastecer | 32 | empantanar | 3 |
| dramatizar | 56 | embaucar | 54 | empañar | 3 |
| drenar | 3 | embaular | 63 | empapar | 3 |
| driblar | 3 | embebecer | 32 | empapelar | 3 |
| drogar | 55 | embeber | 4 | empaquetar | 3 |
| duchar | 3 | embelecar | 54 | emparedar | 3 |
| dudar | 3 | embelesar | 3 | emparejar | 3 |
| dulcificar | 54 | embellaquecer | 32 | emparentar | 10 |
| duplicar | 54 | embellecer | 32 | emparrar | 3 |
| durar | 3 | embermejecer | 32 | emparrillar | 3 |
| | | emberrincharse | 3 | empastar | 3 |
| | | embestir | 6 | empatar | 3 |
| **E** | | embetunar | 3 | empavesar | 3 |
| | | embizcar | 54 | empavonar | 3 |
| eclipsar | 3 | embobar | 3 | empavorecer | 32 |
| economizar | 56 | embobecer | 32 | empecinarse | 3 |
| echar | 3 | embocar | 54 | empedrar | 10 |
| edificar | 54 | embodegar | 55 | empelotarse | 3 |
| evitar | 3 | embolar | 3 | empellar | 3 |
| educar | 54 | embolsar | 3 | empellejar | 3 |
| edulcorar | 3 | emboquillar | 3 | empenachar | 3 |
| efectuar | 58 | emborrachar | 3 | empeñar | 3 |
| ejecutar | 3 | emborrascar | 54 | empeorar | 3 |
| ejemplarizar | 56 | emborricarse | 54 | empequeñecer | 32 |
| ejemplificar | 54 | emborronar | 3 | emperejilar | 3 |
| ejercer | 64 | emboscar | 54 | empergaminar | 3 |
| ejercitar | 3 | embosquecer | 32 | emperifollar | 3 |
| elaborar | 3 | embotar | 3 | emperrarse | 3 |
| elastificar | 54 | embotellar | 3 | empezar | 10 |
| electrificar | 54 | embotijar | 3 | empicotar | 3 |
| electrizar | 56 | embozar | 56 | empinar | 3 |
| electrocutar | 3 | embragar | 55 | empigorotar | 3 |
| elegir | 6 | embravecer | 32 | empiparse | 3 |
| elevar | 3 | embrear | 3 | empitonar | 3 |
| elidir | 5 | embriagar | 55 | empizarrar | 3 |
| eliminar | 3 | embridar | 3 | emplastar | 3 |
| elogiar | 3 | embrollar | 3 | emplazar | 56 |
| elucubrar | 3 | embromar | 3 | emplear | 3 |
| eludir | 5 | embrujar | 3 | emplomar | 3 |
| emanar | 3 | embrutecer | 32 | emplumar | 3 |
| emancipar | 3 | embuchar | 3 | empobrecer | 32 |
| embadurnar | 3 | embustear | 3 | empolvar | 3 |
| embaír | 52 | embutir | 5 | empollar | 3 |
| embalar | 3 | emerger | 65 | emponzoñar | 3 |
| embaldosar | 3 | emigrar | 3 | emporcar | 18 |

| | | | | | |
|---|---|---|---|---|---|
| emporrarse | 3 | encaperuzar | 56 | enconar | 3 |
| empotrar | 3 | encapillar | 3 | encontrar | 18 |
| empozar | 56 | encapirotar | 3 | encopetar | 3 |
| emprender | 4 | encapotar | 3 | encoraginar | 3 |
| emprimar | 3 | encapricharse | 3 | encorchar | 3 |
| empringar | 55 | encapuchar | 3 | encorchetar | 3 |
| empujar | 3 | encaramar | 3 | encordelar | 3 |
| empuntar | 3 | encarar | 3 | encordonar | 3 |
| empuñar | 3 | encaratularse | 3 | encornar | 18 |
| empurpurar | 3 | encarcelar | 3 | encorralar | 3 |
| emputecer | 32 | encarecer | 32 | encorsetar | 3 |
| emular | 3 | encargar | 55 | encortinar | 3 |
| emulsionar | 3 | encariñar | 3 | encorvar | 3 |
| enaceitar | 3 | encarnar | 3 | encostalar | 3 |
| enajenar | 3 | encarnecer | 32 | encostrar | 3 |
| enalbardar | 3 | encarnizar | 56 | encrespar | 3 |
| enaltecer | 32 | encarpetar | 3 | encrestarse | 3 |
| enamorar | 3 | encarrilar | 3 | encristalar | 3 |
| enamoricarse | 54 | encartar | 3 | encrudecer | 32 |
| enamoriscarse | 54 | encartonar | 3 | encuadernar | 3 |
| enarbolar | 3 | encartuchar | 3 | encuadrar | 3 |
| enarcar | 54 | encascabelar | 3 | encuartelar | 3 |
| enardecer | 32 | encascotar | 3 | encubar | 3 |
| enarenar | 3 | encasillar | 3 | encubrir (part. irreg.) | 5 |
| encabestrar | 3 | encasquetar | 3 | encuclillarse | 3 |
| encabezar | 56 | encasquillar | 3 | encuerar | 3 |
| encabezonar | 3 | encastar | 3 | encuestar | 3 |
| encabritarse | 3 | encastrar | 3 | encumbrar | 3 |
| encabronar | 3 | encauchar | 3 | encunar | 3 |
| encadenar | 3 | encausar | 3 | encurdarse | 3 |
| encajar | 3 | encauzar | 56 | encurtir | 5 |
| encajetar | 3 | encebollar | 3 | enchancletar | 3 |
| encajetillar | 3 | encelar | 3 | encharcar | 54 |
| encajonar | 3 | enceldar | 3 | enchiquerar | 3 |
| encalabozar | 56 | encenagarse | 55 | enchironar | 3 |
| encalar | 3 | encender | 12 | enchispar | 3 |
| encalvecer | 32 | encenizar | 56 | enchufar | 3 |
| encallar | 3 | encerar | 3 | enchularse | 3 |
| encallecer | 32 | encerrar | 10 | endemoniar | 3 |
| encallejonar | 3 | encespedar | 3 | endentar | 10 |
| encamar | 3 | encestar | 3 | enderezar | 56 |
| encaminar | 3 | encintar | 3 | endiablar | 3 |
| encamisar | 3 | encismar | 3 | endilgar | 55 |
| encampanar | 3 | encizañar | 3 | endiñar | 3 |
| encanalar | 3 | enclaustrar | 3 | endiosar | 3 |
| encanalizar | 56 | enclavar | 3 | endomingarse | 55 |
| encanallar | 3 | enclavijar | 3 | endosar | 3 |
| encanastar | 3 | encocorar | 3 | endulzar | 56 |
| encandilar | 3 | encofrar | 3 | endurecer | 32 |
| encanecer | 32 | encoger | 65 | enemistar | 3 |
| encanijar | 3 | encolar | 3 | enervar | 3 |
| encantar | 3 | encolchar | 3 | enfadar | 3 |
| encanutar | 3 | encolerizar | 56 | enfajar | 3 |
| encañar | 3 | encomendar | 10 | enfaldar | 3 |
| encañizar | 56 | encomiar | 3 | enfangar | 55 |
| encañonar | 3 | encompadrar | 3 | enfardar | 3 |

## LL

llagar ................... 55
llamar ................... 3
llamear .................. 3
llanear .................. 3
llantar .................. 3
llegar ................... 55
llenar ................... 3
llevar ................... 3
llorar ................... 3
lloriquear ............... 3
llover (unipers.) ........ 22
lloviznar (unipers.) ..... 3

## M

macear ................... 3
macerar .................. 3
macizar .................. 56
macular .................. 3
machacar ................. 54
machaquear ............... 3
machear .................. 3
machetear ................ 3
machucar ................. 54
madrugar ................. 55
maestrar ................. 3
magnetizar ............... 56
magnificar ............... 54
magrear .................. 3
magullar ................. 3
mahometizar .............. 56
majar .................... 3
malbaratar ............... 3
malear ................... 3
maleficiar ............... 3
malhumorar ............... 3
maliciar ................. 3
malignar ................. 3
malograr ................. 3
malquistar ............... 3
malversar ................ 3
mallar ................... 3
mamar .................... 3
mampostear ............... 3
mamujar .................. 3
mamullar ................. 3
manar .................... 3
mancar ................... 54
mancillar ................ 3
mancipar ................. 3
mancomunar ............... 3
mancornar ................ 18
marchar .................. 3

mandar ................... 3
manducar ................. 54
manejar .................. 3
mangar .................. 55
mangonear ................ 3
manifestar ............... 10
maniobrar ................ 3
manipular ................ 3
manir (defect.) .......... 53
manosear ................. 3
manotear ................. 3
manquear ................. 3
mantear .................. 3
mantener ................. 14
manumitir ................ 5
manuscribir (part. irreg.) 5
mañanear ................. 3
mañear ................... 3
maquillar ................ 3
maquinar ................. 3
maquinizar ............... 56
maravillar ............... 3
marcar ................... 54
marchar .................. 3
marchitar ................ 3
marear ................... 3
marginar ................. 3
maridar .................. 3
marinar .................. 3
marinear ................. 3
mariposear ............... 3
mariscar ................. 54
marrar ................... 3
martillar ................ 3
martillear ............... 3
martirizar ............... 56
masacrar ................. 3
mascar ................... 54
mascullar ................ 3
masificar ................ 54
masticar ................. 54
masturbar ................ 3
matar .................... 3
materializar ............. 56
matizar .................. 56
matraquear ............... 3
matricular ............... 3
matrimoniar .............. 3
maullar .................. 63
mayar .................... 3
mayear ................... 3
mazar .................... 56
mear ..................... 3
mecanizar ................ 56
mecer .................... 64
mechar ................... 3

mediar ................... 3
mediatizar ............... 56
medicamentar ............. 3
medicar .................. 54
medicinar ................ 3
medir .................... 6
meditar .................. 3
medrar ................... 3
mejicanizar .............. 56
mejorar .................. 3
melificar ................ 54
melindrear ............... 3
mellar ................... 3
memorar .................. 3
memorizar ................ 56
mencionar ................ 3
mendigar ................. 55
menear ................... 3
menguar .................. 59
menoscabar ............... 3
menospreciar ............. 3
menstruar ................ 58
mentalizar ............... 56
mentar ................... 10
mentir ................... 24
menudear ................. 3
mercadear ................ 3
mercantilizar ............ 56
mercar ................... 54
merecer .................. 32
merendar ................. 10
mermar ................... 3
merodear ................. 3
mesar .................... 3
mestizar ................. 56
mesurar .................. 3
metaforizar .............. 56
metalizar ................ 56
meteorizar ............... 56
meter .................... 4
metodizar ................ 56
metrallar ................ 3
mezclar .................. 3
migar ................... 55
militar .................. 3
militarizar .............. 56
mimar .................... 3
mimbrear ................. 3
mimosear ................. 3
minar .................... 3
mineralizar .............. 56
miniar ................... 3
miniaturizar ............. 56
minimizar ................ 56
ministrar ................ 3
minorar .................. 3

| | | | | | | |
|---|---|---|---|---|---|
| rebutir | 5 | regalar | 3 | remunerar | 3 |
| rebuznar | 3 | regañar | 3 | remusgar | 55 |
| recabar | 3 | regar | 10 | rendir | 6 |
| recalcitrar | 3 | regatear | 3 | renegrear | 3 |
| recamar | 3 | regazar | 56 | renglonear | 3 |
| recaudar | 3 | regenerar | 3 | renovar | 18 |
| recelar | 3 | regentar | 3 | renquear | 3 |
| recepcionar | 3 | regimentar | 10 | rentabilizar | 56 |
| receptar | 3 | regionalizar | 56 | rentar | 3 |
| recetar | 3 | regir | 6 | renunciar | 3 |
| recibir | 5 | registrar | 3 | reñir | 8 |
| reciclar | 3 | reglamentar | 3 | repanchigarse | 55 |
| reciprocar | 54 | reglar | 3 | repantigarse | 55 |
| recitar | 3 | regocijar | 3 | repapilarse | 3 |
| reclamar | 3 | regodear | 3 | repatriar | 57 |
| reclinar | 3 | regoldar | 18 | repeler | 4 |
| recluir | 39 | regresar | 3 | repentizar | 56 |
| reclutar | 3 | regular | 3 | repetir | 6 |
| recochinearse | 3 | regularizar | 56 | repiquetear | 3 |
| recolegir | 6 | regurgitar | 3 | repletar | 3 |
| recomendar | 10 | rehogar | 55 | replicar | 54 |
| recomerse | 4 | rehusar | 3 | repollar | 3 |
| reconcomerse | 4 | reinar | 3 | reposar | 3 |
| recopilar | 3 | reír | 9 | repostar | 3 |
| recordar | 18 | reiterar | 3 | reprehender | 4 |
| recriminar | 3 | reivindicar | 54 | reprender | 4 |
| recrudecer | 32 | rejonear | 3 | represar | 3 |
| rectificar | 54 | rejuvenecer | 32 | reprimir | 5 |
| rectorar | 3 | relacionar | 3 | reprochar | 3 |
| recudir | 5 | relajar | 3 | reptar | 3 |
| recular | 3 | relampaguear (unipers.) | 3 | repudiar | 3 |
| recuperar | 3 | relatar | 3 | repujar | 3 |
| recurrir | 5 | relegar | 55 | reputar | 3 |
| recusar | 3 | relevar | 3 | requerir | 24 |
| rechazar | 56 | relinchar | 3 | requisar | 3 |
| rechinar | 3 | relumbrar | 3 | resabiar | 3 |
| rechistar | 3 | remachar | 3 | resarcir | 66 |
| redactar | 3 | remanecer | 32 | resbalar | 3 |
| redar | 3 | remangar | 55 | rescaldar | 3 |
| redimir | 5 | remansarse | 3 | rescatar | 3 |
| redondear | 3 | remar | 3 | rescindir | 5 |
| reducir | 34 | rembolsar | 3 | reseñar | 3 |
| redundar | 3 | remedar | 3 | reservar | 3 |
| referir | 24 | remediar | 3 | resfriar | 57 |
| refinar | 3 | remembrar | 3 | residir | 5 |
| reflectar | 3 | rememorar | 3 | resignar | 3 |
| reflejar | 3 | remendar | 10 | resinar | 3 |
| reflexionar | 3 | remesar | 3 | resistir | 5 |
| refocilar | 3 | remilgarse | 55 | resolver | 20 |
| refractar | 3 | remitir | 5 | resollar | 18 |
| refrendar | 3 | remolcar | 54 | resorber | 4 |
| refrescar | 54 | remolinar | 3 | respaldar | 3 |
| refrigerar | 3 | remolinear | 3 | respetar | 3 |
| refugiar | 3 | remolonear | 3 | respingar | 55 |
| refunfuñar | 3 | remozar | 56 | respirar | 3 |
| refutar | 3 | remplazar | 56 | resplandecer | 32 |

| | | | | | | |
|---|---|---|---|---|---|---|
| trastear | 3 | tundear | 3 | valorizar | 56 |
| trasuntar | 3 | tundir | 5 | valsar | 3 |
| trasvasar | 3 | tunear | 3 | valuar | 58 |
| tratar | 3 | tupir | 5 | vallar | 3 |
| traumatizar | 56 | turbar | 3 | vanagloriarse | 3 |
| travestir | 6 | turnar | 3 | vaporar | 3 |
| trazar | 56 | turrar | 3 | vaporear | 3 |
| trebejar | 3 | tusar | 3 | vaporizar | 56 |
| trechear | 3 | tutear | 3 | vapular | 3 |
| tremolar | 3 | tutelar | 3 | vapulear | 3 |
| trenzar | 56 | | | vaquear | 3 |
| trepanar | 3 | | | varar | 3 |
| trepar | 3 | **U** | | varear | 3 |
| trepidar | 3 | | | variar | 57 |
| triangular | 3 | ubicar | 54 | varraquear | 3 |
| triar | 57 | ufanarse | 3 | vaticinar | 3 |
| tributar | 3 | ulcerar | 3 | vedar | 3 |
| trifurcarse | 54 | ultimar | 3 | vegetar | 3 |
| trillar | 3 | ultrajar | 3 | vejar | 3 |
| trinar | 3 | ulular | 3 | velar | 3 |
| trincar | 54 | umbralar | 3 | velarizar | 56 |
| trinchar | 3 | uncir | 66 | vencer | 64 |
| trinchear | 3 | undular | 3 | vendar | 3 |
| triplicar | 54 | ungir | 67 | vender | 4 |
| triptongar | 55 | unificar | 54 | vendimiar | 3 |
| tripular | 3 | uniformar | 3 | venerar | 3 |
| trisar | 3 | unir | 5 | vengar | 55 |
| triscar | 54 | universalizar | 56 | venir | 17 |
| triturar | 3 | untar | 3 | ventanear | 3 |
| triunfar | 3 | uñir | 72 | ventar (unipers.) | 10 |
| trizar | 56 | urbanizar | 56 | ventear (unipers.) | 3 |
| trocar | 18 | urdir | 5 | ventilar | 3 |
| trocear | 3 | urgir | 67 | ventiscar (unipers.) | 54 |
| trompar | 3 | usar | 3 | ventisquear (unipers.) | 3 |
| trompear | 3 | usufructuar | 58 | ventosear | 3 |
| trompetear | 3 | usurar | 3 | ver | 47 |
| trompicar | 54 | usurear | 3 | veranear | 3 |
| tronar (unipers.) | 18 | usurpar | 3 | verbenear | 3 |
| tronchar | 3 | utilizar | 56 | verberar | 3 |
| tronerar | 3 | | | verdear | 3 |
| tronzar | 56 | | | verdecer | 32 |
| tropezar | 10 | **V** | | verificar | 54 |
| troquelar | 3 | | | verraquear | 3 |
| trotar | 3 | vacar | 54 | versar | 3 |
| trovar | 3 | vaciar | 57 | versificar | 54 |
| trozar | 56 | vacilar | 3 | vertebrar | 3 |
| trucar | 54 | vacunar | 3 | verter | 12 |
| trufar | 3 | vadear | 3 | vestir | 6 |
| truhanerar | 3 | vagabundear | 3 | vetar | 3 |
| truncar | 54 | vagar | 55 | vetear | 3 |
| tullecer | 32 | vaguear | 3 | viajar | 3 |
| tullir | 72 | vahar | 3 | vibrar | 3 |
| tumbar | 3 | vahear | 3 | viciar | 3 |
| tumultuar | 58 | valer | 38 | vidriar | 3 |
| tunantear | 3 | validar | 3 | vigiar | 57 |
| tunar | 3 | valorar | 3 | vigilar | 3 |

# BIBLIOGRAFIA

—REAL ACADEMIA ESPAÑOLA. *Esbozo de una nueva gramática de la Lengua Española.* Madrid, 1978.

—HERNANDEZ ALONSO, César. *Sintaxis Española.* Valladolid, 1979.

—SECO, Manuel. *Gramática esencial del Español.* Madrid, 1977.

—SECO, Rafael. *Manual de Gramática Española.* Madrid, 1975.

—GILI Y GAYA, Samuel. *Curso superior de sintaxis española.* Barcelona, 1973.

—GARCIA-PELAYO y GROSS, R. y F. *Larousse de la Conjugación.* París, 1982.

—DE KEMPIN, Carmen C. *Verbos españoles.* Lausanne, 1959.